上杉 隆

ャーナリズム崩壊

GS 幻冬舎新書 089

プロローグ

極秘インタビューの場所は、馴染《なじ》みの寿司屋だった。

2007年冬のある夜、鳩山邦夫法務大臣は、法務官僚や法務省番の記者を撒《ま》いて、東京・文京区の「満津美《まつみ》」に姿を現した。約束の時刻からは遅れている。だが、困難な約束を守ってくれたのは紛れもない事実である。

話は数日前にさかのぼる。『週刊朝日』は鳩山法務大臣へのインタビューを企画していた。『週刊朝日』は、当時はまだ朝日新聞社の雑誌である（現在は朝日新聞出版）。編集長代理の大嶋辰男氏は、朝日新聞の法務省番記者を経由して申し込むべきかどうか悩んでいるところだった。筆者が編集部に顔を出したのはちょうどそんな時だった。

筆者の姿を見つけて、さっそくアドバイスを求めてくる。筆者がその場で鳩山事務所に相談の電話を入れた。秘書から返ってきた答えはこうであった。

「それは止《や》めたほうがいい。おそらくその瞬間、インタビューは実現しなくなるだろう」

これは一体どういうことだろうか。なぜ同業者であるメディア、しかも同じ会社の朝日新聞の記者に相談した途端、インタビューが潰《つぶ》れるというのだろうか。

事情を知らない読者にとっては、さっぱり意味のわからないことだと思う。

だが、これは決して珍しいことではない。現在の日本のメディアの中では、極めて「常識的」に行われている日常のひとコマに過ぎない。

筆者が鳩山事務所を辞めて約10年が経《た》つ。その後、ニューヨーク・タイムズ取材記者、次にフリーランスのジャーナリストとして、こうした「常識」と何度もぶつかってきた。世界のどこにも通用しないその常識を作り管理しているのは「記者クラブ」という組織である。新聞・通信・テレビ・ラジオの大手メディアで作られる「記者クラブ」は、外部の者にとって極めて評判の悪いシステムである。この10年間、筆者はそうした見えない記者クラブの壁と衝突するたびに、内心怒りで震え、顔では微笑《ほほえ》み、そして堪え忍んできた。

だがもうそろそろ限界だろう。もちろん限界は、筆者のほうではない。日本のメディア、とりわけその記者クラブのほうが、である。

10年間、筆者の行ってきた永田町取材は、すべて例外なく「不法」「違法」なゲリラ取材である。

首相官邸、国会議事堂、政党、議員事務所、ただの一度も取材パスを持って取材したことはない。記者クラブに反対している以上、一切、記者証を所持しないという方針をずっと貫いているためだ。

それゆえに、煩《わずら》わしいことこの上ない。議員会館に行くたびに、議員面会申込書に住所、氏名、用件などを記入し、持ち物などのチェックを受けて入館する。ルールでは予定している事務所以外を訪問してはいけないとある。当然そんなことは無視している。だが、国会議事堂に入るとなるとそうもいかない。その時は秘書用の通行証を借用し、連絡事項のあるふりをして院内に忍び込む。そして廊下で番記者の群れに紛れ込み、やってきた目当ての政治家にぶら下がり取材を敢行するのだ。

もちろん通行証での取材は違反だから、見つかれば退院処分になる。幸いまだ院内からの追放処分を受けたことはない。だが旧首相官邸では2回ある。そのうちの1回は犯罪者よろしく、両腕を衛視に掴《つか》まれて、官邸の敷地内から追い出された。

それならば、記者証を申請すればいいのではないかと思うだろう。だが、記者クラブというシステムはそれを許さない。そこに大いなる問題があるのだ。

フリーランスという立場での申請では、絶対に記者証は発行されない。記者証がほしければ、どこかの媒体に所属した形にするか、もしくは日本雑誌協会などから間接的に申し込むかのどちらかになる。となると、純粋な意味でのフリーランスではなくなってしまう。確かにパスの不所持は大いなるハンディではあるが、それは筆者の求めるところではないので仕方があるまい。

にもかかわらず筆者は、この10年、著書、新聞、雑誌、テレビ、ラジオなどの媒体で少なくない数の政治報道を世に問うことができた。また、小泉政権誕生以降の政治報道では、ある程度のレベルでもってその一端を担ってきたという自負もある。

国会議員らの怒りを買うのは、日常茶飯事だ。一部の官僚から蛇蝎《だかつ》のごとく嫌われているのも承知している。だがなにより悲しいのは、同業者であるはずのジャーナリストや記者クラブの記者たち、彼らからの不快感が強く伝えられることだ。

「お前は異常だ。狂っている。本当に身辺には気をつけたほうがいいぞ」

最近もある記者からこう忠告された。

だが、本当に私は異常なのか。単に普通に仕事をしているだけではないのか。権力をチェックするという最低限のメディアの機能を放棄するばかりか、同じジャーナリスト仲間の仕事を邪魔するほうが、よほど異常なような気がしてならない。

日本の記者は個人個人では極めて優秀だ。海外の記者と比較しても、勤勉であり、モラルを守る好人物が多い。権力や上司と対峙《たいじ》した時の勇気が少しばかり足りないように思うが、それでもその丁寧な仕事ぶりは世界のメディアの中でも際立っている。

ところが、これが集団になると一変してしまう。極めて閉鎖的で偏狭な集団に変貌《へんぼう》し、横並びの護送船団方式を採用、ときにはそれがメディアスクラムといったような形で凶暴性を増す。組織としての関心は、読者や視聴者ではなく、社内の人間関係、及び政治家など権力者たちに向けられる。それが常態となり、やがて当然の「常識」となっていくのだ。

しかし、少なくとも、日本のメディアのそうした「常識」は、海外では「非常識」に映っている。日本の報道界では狂っているといわれる筆者でも、ニューヨーク・タイムズではごく普通のジャーナリストとして認定されていた。

結局、法務大臣とのインタビューは『週刊朝日』の誌面を飾った。その実現に至る過程は滑《こっ》稽《けい》以外の何ものでもない。日本のメディアの実態を示すそのエピソードについては、のちほどじっくりと触れるとしよう。

これから書こうとしていることは、そんな日本のメディアの喜劇の物語集である。約10年、記者クラブとぶつかってきた筆者からすれば、もはや怒りを通り越して、笑い飛ばしたいほどだ。いまや愉快な気持ちですらある。

だが、日本のジャーナリズムの未来を考えた場合、そんな悠長なことも言っていられない。時代は変わり、政界も、官界も、財界も、劇的な変化を余儀なくされてきた。どんなに伝統のある大組織でも、変わらなくては生き残れない時代に突入したのである。そして次はメディアの番である。

最後に残った護送船団方式の業界こそがマスコミ、中でも記者クラブなのである。その耐用年数もいよいよ限界に近づいている。果たして沈没前にその船団から脱出できるメディアは、生き残れる記者は、一体どれほどいるのだろうか。

インターネットなど新しいメディアの台頭してきた現在、既存の報道機関が消滅する日も案外近いかもしれない。すでに、日本のジャーナリズムの崩壊は始まっている——。

ジャーナリズム崩壊／目次

プロローグ　3

第一章　日本にジャーナリズムは存在するか？　17

第一節　空想でしかない「客観報道」　18
ジャーナリズムとワイヤーサービス　18
日本の新聞記者は多すぎる？　22
締め切りのない米国の新聞　25
事実を知りながら報道しない政治記者　27
担当した政治家が出世すれば自分も出世　29
国民ではなく権力側に寄り添う新聞　33

第二節　メモ合わせ　36
記者たちが堂々とカンニング　36
スクープ連発、「一部週刊誌」という雑誌　41
なんでも「わかった」スピリチュアル報道　44
自己防衛としてブログを開設　48

第三節　自由な言論を許さないメディア　53

貴様のような奴は訴えてやる！ 53
「落とし前がついていない」から取材拒否 57
海老沢一座の大芝居 59
第四節 編集と経営 62
常に厳しくチェックされる米国の記者たち 62
記事より重要な社内の権力闘争 65
大連立の仕掛人、渡邉恒雄 68
第五節 しばり、癒着 71
宮内庁による「申し合わせ」要請 71
流出した「メモ」 72
宮内庁記者クラブをめぐる悲喜劇 74
国民を欺く談合 80
日本固有の記者クラブ制度 82
メディア環境の激変に迷走 85
「イタい日本」＝JAPAIN 86

第二章　お笑い記者クラブ　89
第一節　笑われる日本人記者　90
『笑われる日本人』　90
日本贔屓のクリストフ支局長が日本嫌いになるまで　92
ハワード・フレンチ支局長の驚き　97
喜多川氏ひとりにひれ伏す日本メディア　99
第二節　メディア界のアパルトヘイト　102
日本外国特派員協会と日本メディア　102
外国人記者やフリー記者を阻む堅固な壁　106
非「記者クラブ」ジャーナリストたちの責任　111
会社員かジャーナリストか　115
健全な政治家、不健全なメディア　118
第三章　ジャーナリストの誇りと責任　123
第一節　署名記事　124
秘書経験のせいで不採用　124

上杉君はどの政治家の推薦状を出したの？ 129
自ら名乗って記事の責任を負う 133
誰によって書かれたかが重要 139
朝日新聞「素粒子」の〈死に神〉報道 142
「書かせてやる」という意識 147
第二節　実名報道 149
安全地帯から人を批判 149
「公人」と「準公人」 151
『官邸崩壊』に入った3つのチェック 154
面白すぎるのはルール違反 157
第三節　均一化されたエリート記者たち 162
議員と秘書は多士済々 162
政治記者たちの奇妙な同質性 164
同じような記事しか生まれないわけ 166
第四章　記者クラブとは何か 169

第一節　記者クラブの誕生 170
仲間はずれがいちばん怖い 170
記者クラブ略史 171
第二節　日米メディアをめぐる誤解 173
論争を避ける記者たち 173
アメリカでは取材で自由に誰にでも会える？ 176
第三節　英訳・キシャクラブ 178
なめられるエリート記者 178
「出入り禁止」恐怖症 179
海外の記者クラブ 181
第四節　都庁記者クラブの場合 182
知事主催の火曜会見 182
都庁記者クラブの妨害 184
あるのは面子と評価のみ 186
妨害が生んだ喜劇 187
牢獄「キシャクラブ」 188

第五章　健全なジャーナリズムとは　191
第一節　アフガニスタン・ルール　192
ニューヨーク市民にとってのニューヨーク・タイムズ　192
ふたつの記事　195
メモワール文学の大流行　197
現在を切り取ることこそ本来の仕事　199
第二節　過ちを認めない新聞　201
誤報を隠す悪しき体質　201
訂正欄で原因まで徹底的に検証　203
ニューヨーク・タイムズのイラク報道検証　204
ジェイソン・ブレア事件の衝撃　207
不可解だったNHK番組改変報道の対応　210
最後まで誤報を認めなかった朝日新聞　213
第三節　日本新聞協会の見解　215
エピローグ　223

第一章 日本にジャーナリズムは存在するか？

第一節　空想でしかない「客観報道」

ジャーナリズムとワイヤーサービス

日本にジャーナリズムはあるのだろうか。筆者がこの問いにひとつの回答を出したのは、ニューヨーク・タイムズで働き始めてすぐのことである。

結論から先にいえば、「日本に『ジャーナリズム』はある。ただしそれは日本独自のものであり、海外から見ればジャーナリズムとはいえない」ということになる。

はっきりとそう認識したのはタイムズに入った1999年。それ以降、筆者はさまざまな媒体でその理由を執筆し、あるいは機会を見つけては発言を繰り返してきた。

最初は『文藝春秋』に、その後は『週刊ポスト』『諸君！』『論座』に、2007年になると、毎日新聞で計6回にわたって連載記事（新聞時評）も寄稿した。

また、東洋英和女学院大学や青山学院大学、及び、時事通信主催の講演会などでも同様の持論を述べてきた。今年（2008年）4月からは、明治大学の特別招聘《しょうへい》教授として、月1回、同テーマでの講義も受け持っている。

だが、そうした発言や記事の大半は、極論として片付けられてきたように思う。

それも無理はない。おそらく日本国内で日本の報道だけに接してきた者ならば、誰しもがそう思うだろう。実際、筆者もニューヨーク・タイムズに入るまではそう思っていたうちのひとりだ。

再び結論を先に述べれば、日本でいうジャーナリズム精神とは、海外でのワイヤーサービスメンタリティに相当する。ワイヤーサービスとは、日本でいうと共同通信や時事通信のような通信社のことを指し、速報性をその最優先業務とするメディアのことだ。

いわゆる海外でのジャーナリズムとそれとは一線を画す。単に、時事的な事象を報じるだけではなく、さらにもう一歩進んで解説や批評を加える活動を一般的にジャーナリズムと呼んでいる。

とくにその役割をぎりぎりにまで絞った場合は、公権力に対する監視役としての仕事が期待される。つまり「第四の権力」とも別称される通り、三権（立法、行政、司法）に対する監視こそがジャーナリズムの役割ともいえる。

少なくとも、米国ジャーナリズムの旗手であり、かつ存在自体が「伝説」ともいうべきニューヨーク・タイムズにおいてはこの役割がはっきりしていた。

新聞と通信の違いを説明する意味で、筆者がニューヨーク・タイムズでインターン（当初）

として働き始めた直後のあるエピソードを紹介しよう。

1999年7月23日午前11時23分、東京・羽田を発《た》った直後、ANA61便はひとりの男にハイジャックされた。犯人は刃物を持ってコックピットに立て籠《こ》もり、本来の飛行ルートを外れた運航を要求している。西沢裕司《ゆうじ》、28歳、航空機のシミュレーションゲームで鍛えた腕を実際の飛行で試したくなりハイジャックしたという。

一報はすぐにメディアに伝えられ、マスコミ各社は羽田空港などの各現場へ記者を派遣した。筆者も懇意の通信社記者からニュースを知らされ、当時の支局長ニコラス・クリストフの電話を鳴らした。

「今ハイジャックが発生している。当該機はまだ飛行中だ。私は羽田空港に行くべきか、運輸省（当時）に行くべきか、あるいは全日空の本社に行くべきか、判断がつかない。他のスタッフとの兼ね合いもあるだろうから、支局長からの指示がほしい」

初仕事にやや興奮して、ざっと状況を伝える。はやる気持ちを抑えながら返事を待っていると、予想に反して暢気《のんき》な答えが返ってきた。

「なぜそんなに慌てる必要があるのか」

クリストフ氏は落ち着き払って解説を始めた。

「確かにハイジャックは大きなニュースに違いない。場合によってはわれわれも取材に動かなければならないかもしれない。

しかし、発生したばかりの今、そうした事件・事故の第一報は、われわれ（新聞）の仕事ではない。その仕事は、ＡＰやＫＹＯＤＯ（共同）などの通信社の記者の仕事だ。おそらく彼らは現場に行っていることだろう。

われわれ新聞の仕事は、ハイジャック自体にどういった背景があるのか、それは政治的なものなのか、単に金銭目当てのものなのか、あるいは無事に解決したのか、悲惨な結果に終わったのか、そういったものをすべて見極めた上で初めて、取材をスタートするかどうか判断を下すべきなのだ。その上で、本当にニューヨーク市民や米国の読者にとって、それが有益なニュースなのかどうかよく吟味したのちに記事にするのかどうかを決める。

それまではわれわれの仕事ではない。それは通信社の仕事だ。彼らの仕事の邪魔をしてはいけない。われわれは新聞記者なのだ」

さらに、クリストフ氏は朝から大騒ぎした筆者に気を遣ったのだろう、こう付け加えて電話を終えた。

「だが、ニュースに対する君の熱意は悪いことではない。24時間いつでも構わない、君がタイムズにとって必要なニュースだと判断すれば、これからも遠慮せずに電話を鳴らしてくれ。

それから、もうひとつ。もしかしてＡＰはまだそのハイジャック事件を知らないかもしれない。君からAPに知らせておいてくれ」

日本の新聞記者は多すぎる？

日本のメディアしか知らなかった筆者にとって、この朝の出来事はあまりに衝撃的だった。事件が発生すればなんでもかんでも追えばいいと考えていたその頭を殴られたような気持ちだった。

もちろん、ニューヨーク・タイムズといえども、メトロセクションだったらこうはいかないだろう。

実際に、それから2年後の2001年9月11日の朝、未曾有《みぞう》の航空機テロに見舞われたニューヨークでは、タイムズの記者のほとんどが取材活動に従事していた。

だが、それは極めて例外的な事例である。事件・事故が起こるたびに日本のように何十人もの記者が総動員されることはまずない。せいぜい現場に向かうのは1人か2人だ。よってメディアスクラムという現象も起こりにくい。

1993年のニューヨーク世界貿易センタービルの爆破テロ事件でも、爆発直後の現場に急行したのはカルビン・シムズ記者を含めてごく少数であった（のちにシムズ氏は東京支局特派員。ちなみにこの報道でニューヨーク・タイムズはピュリッツァー賞を受賞している）。

ホワイトハウスを取材する記者も大抵1社につき1人か2人程度だ。上下院議会や国務省・国防総省などの全政府機関を合わせても、せいぜい10名に満たない。日本の政治部記者が政府与党の担当だけでも軽く30名を超える人員を擁しているのとは雲泥の差である。

米国の新聞でそれが可能な理由は、新聞社と通信社の仕事を完全に峻別《しゅんべつ》し、自らの仕事をいわゆるジャーナリズム的な役割に特化しているからだ。

発生ものなどのストレートニュースは、可能な限りワイヤーサービスに依存する傾向にある。これはニューヨーク・タイムズに限った話ではない。米国のみならず、欧州、アジアなど、ほとんどの新聞がそうしたシステムを取っている。海外では、新聞記者と通信記者は、先のクリストフ氏の解説通り、カメラマンと記者くらい感覚の違う職業なのだ。

だからこそ、ニューヨーク・タイムズは、33人の海外特派員（2000年当時）、すべての記者を合わせても300人ほどの人員で、連日、通常版で約100ページ、日曜版だと300ページを超える新聞を作ることが可能なのだ。

それに比して日本の新聞社は実に多くの記者を抱えている。1990年代には、読売新聞で約4000人、朝日新聞で約3000人の記者を擁していた。確かに全国紙は、地方紙であるニューヨーク・タイムズとは根本的に違うのだが、それでも多い。その理由は地方支局にも必ず記者を配している上に、個々の記者が通信社的な仕事までこなさなくてはならないからだろう。

だが、記事自体はストレートニュースばかりで、分析や批評記事を書ける記者はそれほど多くはない。したがって、新聞記事の分量も朝刊で36ページ程度になってしまっている。

一方、米紙の新聞記事の一文はとにかく長い。日本の新聞に馴《な》れていた筆者は最初、その分量に心底驚いた。

フロントページから中面に繋《つな》がる記事でゆうに数百ワードはあるだろう。日本でいえばちょうど週刊誌のトップ記事の分量くらいはある。実際にその記事内容も文体も、どちらかといえば日本の週刊誌に近い。いや、日本人にとっては、海外の新聞記事といえば、日本でいう週刊誌の記事だと思ったほうがわかりやすいかもしれない。

リードに風景描写を持ってきたり、プロローグ的に象徴的な寓話《ぐうわ》を挿入したりして始まることもある。本文に至るまでそれまでの経緯を長く書き込んでいる記事もあれば、いきなり会話文からスタートする記事もある。とにかく個々の記者がその個性を十分に発揮して自由なスタイルで書いている、それが米国の新聞の特徴だ。

それゆえ、記事を読んだだけで誰の文章か読者が判別できるようになったり、さらに進んで特定の記者にファンがついたりすることもあるのだ。それがスター記者を生む土壌にもなっている。日本の新聞記事からは想像もできないような現象だ。

だからこそ新聞記者は通信社的な仕事を敬遠するようになるのかもしれない。ここにもジャーナリズムとワイヤーサービスの違いがある。

締め切りのない米国の新聞

もうひとつ特記すべきは、米国の新聞記事には基本的に締め切りがないということだ。「ない」と言い切ってしまうと語弊があるので、「緩い」と正確に言う必要があるかもしれない。今日の夕刊まで、あすの朝刊までといったような絶対的な締め切りはない（そもそも夕刊はないが）。それは、ストレートニュースを通信社に委譲しているために可能なことなのだ。基本的に記者自身が納得できるまで取材し、その上での分析・批評に集中することができる。

さらに政治部、経済部、社会部、運動部などというようなカテゴリー分けをされていないため、ひとりの記者が同時進行的にいくつもの取材を行うのが普通だ。このあたりが日本の新聞記者と大きく違うところだ。

日本の記者はセクショナリズムにがんじがらめにされ、記事のみならず取材ですら、自分の分野以外の取材対象者には自由にアクセスできない。

たとえばそれは、政治部記者は経済の取材ができないというレベルではない。同じ政治部ですら、与党担当の記者は野党議員にインタビューできないというような状況なのだ。どうしても野党議員へのインタビューをしたい場合は、野党担当記者に代役を頼むか、同席が必要となる。笑い話ではなく、これが日本の記者の現実なのだ。

もちろん海外ではそんなルールは存在しない。記事のために必要となれば、誰にでも会えるし、当然ながら同僚の許可も要らない。そもそも政治部とか経済部とかいったものに厳密な区分けはないのである。

それゆえか、米国では取材の終わったものからどんどん入稿していく。入稿した後にいつ記事化されるかは編集局しだいだ。

数日、場合によっては数週間、紙面掲載まで時間のかかることもある。同じ記者の書いた政治記事とスポーツ記事が、同じ紙面に掲載されることもある。こうしたことが個性的な記事が増える傾向に拍車をかけているのかもしれない。

また、個性を主張するゆえ、ジャーナリストといえども、自らの立場を明確にする記者が多い。保守的かリベラルか、政府寄りか反権力か、いずれにしろ、その前提にあるのは、客観報道など不可能だという考え方だ。

もちろんストレートニュースは客観的な事実に即して報道すべきだ、という考え方はある。だが、分析や批評については、記者やジャーナリスト自身の主観が差し挟まれるのは当然という見方をしているようだ。それは、ジャーナリストといえどもしょせんは人間、人間ならば客観報道など不可能だ、という前提があるからだ。

一方で、日本の記者の多くはいまだに「客観報道」を標榜《ひょうぼう》している。権力が発表したものを「客観だ」とする感性は論外だが、真剣に「うちの新聞は客観的だ」と信じている記者が多いのには驚きを禁じ得ない。

この世の森羅万象の出来事を、また他人の言動や営みを客観的に報じることができるのならば、それはもはや神の領域である。

事実を知りながら報道しない政治記者

それはさておき、日本のメディアの客観報道という欺瞞《ぎまん》性に比して、欧米のメディアはとうにそうした「空想主義」からは脱却している。

たとえば、大統領選挙報道でもそうだ。米国の新聞は、自らの支持する政党や候補者を社説などで事前に明確にするという伝統を持っている。

今年（2008年）、米国の新聞は、予備選の最中に、それぞれ支持する候補を明確にした。これは毎回実施されていることで珍しいことではない。

ニューヨーク・タイムズは、共和党はジョン・マケイン、民主党はヒラリー・クリントン（2008年1月25日付「editorial」）、ロサンゼルス・タイムズはマケイン（共和党）とバラク・オバマ（民主党）といった具合だ（２００８年２月１日付）。

　筆者がニューヨーク・タイムズにいた２０００年当時の大統領選も同様だった。全米各紙は、予備選のみならず、本選でも明確に支持を打ち出した。ジョージ・ブッシュとアル・ゴアが大統領の椅子を争った当時、ニューヨーク・タイムズはゴア支持を表明していた。

　こうした主張に対して、読者からの「偏っている」という批判は皆無だ。なぜなら、支持を社説で明確にするにあたって、新聞は、各党、各候補者のマニフェストや政策、実現可能性を取材などによって仔細《しさい》に検討した上で、支持を決定するからだ。しかも支持を明確にするのは社説だけで、いくら支持であろうと通常の記事や他のオピニオン面で、その政党や候補者に対しての批判を取り下げるわけではない。むしろ自ら支持した政党や候補だからこそ逆に厳しい目が注がれることもあるのだ。

　２００８年２月の大統領選予備選でのニューヨーク・タイムズによるマケイン候補の不倫スキャンダル追及キャンペーンなどまさしくその好例だろう。

　一方で、日本の記者クラブメディアは「不偏不党」を謳《うた》いながら、その実態は、政権与党に擦り寄った報道を繰り返しているに過ぎない。とくに政治部だ。政治記者たちは、政治家へのアクセス権を独占し、政権に肉薄し、永田町の実情をつぶさに知りながら、いまだかつて政治家への厳しい報道をしたためしがない。

首相官邸が震撼《しんかん》するようなスクープ記事、議員辞職を余儀なくされるような批判記事、次の選挙の当選が覚束《おぼつか》なくなるようなスキャンダル記事などはすべて、政治部以外の記者やジャーナリストによって書かれてきたものだ。

2001年の小泉政権発足以降、議員辞職を余儀なくされた政治家だけを見ても、辻元清美氏、田中眞紀子氏、加藤紘一氏、村上正邦氏などの名前がざっと挙げられる。振り返れば、新聞やテレビなどの記者クラブメディアが、先行してこの種の醜聞報道を行った記憶はない。それもそのはず、この種の報道は常に雑誌媒体によって報じられ、十分様子を見極めてから新聞などが後追いするからだ。

確かに、リクルート事件のように、朝日新聞の報道によって明らかになったという例外もある。だが、それですら、日常的に政治家を取材している政治記者から発せられたものではなく、社会部（川崎支局）の記事から始まったスクープなのである。

担当した政治家が出世すれば自分も出世

ならば、政治記者は一体、何を取材しているのだろう。政治部記者の中には「派閥記者」と呼ばれ、事実上、政治のプレイヤーになってしまっている者がいる。最近は少なくなったが、かつては並の政治家よりも実力のある記者が存在し、彼らは、自らの所属するメディアを利用して政局を作るようなことを平気で行っていた。

政治家同士を繋ぐために極秘の会合をアレンジしたり、一部の政治家の側について政敵を追い落とすためにネガティブ情報を流したり、そういったフィクサーまがいの行いを繰り返す記者が後を絶たなかった。一方で、彼らの応援する政治家のネガティブ情報が出ることはまずない。あたかも、そうした政治記者たちは、担当した政治家を出世させ、永田町の権力闘争に勝たせるために存在しているかのようだ。なぜなら、彼らの出世もまた、担当した政治家の動向に大きく影響されることが多いからだ。

たとえば、自民党のある政治家が派閥の中で力をつけて、総理総裁のポストを窺《うかが》う位置に就いたとしよう。仮に、その後、見事に首相の座を射止めたら、その担当記者も同時に政治部内で出世する。逆に、その政治家が失脚してしまえば、記者も会社での地位を失うことになる。

まるで、漫画のような世界だ。だがこれが新聞などの政治部の現実なのである。とりわけ、波取り記者、派閥記者と呼ばれる記者たちが跋扈《ばっこ》するＮＨＫ、そこはまさにそうした政治記者でなければ生き残れないシステムになっている。

基本的にジャーナリストとして優れた記者は政治部では生き残りにくい。なぜなら、取材をすればするほど、担当する政治家の不利な情報まで知ることになってしまうからだ。仮に、そうして得た情報を読者や視聴者のために報じたらどうなるのだろうか。おそらく、その政治家は失脚し、同時に記者自身にも社内で同じような災難が降りかかることになるだろう。

　このように、政治記者にとって、取材し、優れた記事を出すことは、場合によっては「自殺行為」ともなり得る。こうしたことから政治記者にとって、担当する政治家への批判は必然的にタブーとなり、結果、ジャーナリストであることを放棄し、会社員としての生き方を選択することになる。

　つまり、オブザーバーではなく、政治に寄り添うプレイヤーになっていくのである。

　電話一本で、時の首相や官房長官までをも動かし、NHK人事に介入することが可能だった島桂次記者（のちに会長）や、田中派全盛期に同派を担当した海老沢《えびさわ》勝二記者（同じくのちに会長）などがまさしくその典型である。そうした状況は現在でもあまり変わっていない。

　安倍政権崩壊時に、そのブログで自身の失意を綴《つづ》った産経新聞の阿比留瑠比《あびるるい》記者や、内閣退陣で涙を流した元共同通信の青山繁晴氏などは、政治権力との距離感を忘れた派閥記者といえる。

　もちろん、記者といえども、選挙権を持った国民のひとりであることが多く、どのような政党を支持しようが、また政治家の誰を推そうが自由であるべきだ。

　しかし、自身のそうした政治信条を報道の現場に持ち込んではならない。そうした行為は記者本来の仕事から大きく逸脱している。

確かにシステムとして、政治記者のそうした環境を作ったメディアにこそ責任があり、同情を禁じ得ない。だが、そのような状況の中でも、政治家との健全な距離感を保ち、苦しみながらジャーナリズムの仕事をこなしている記者も多数いるのだ。いやむしろそうした記者が大部分であるといえる。

健全な政治記者たちは、一部の不埒《ふらち》な記者たちに政治部全体の評判を汚されて迷惑している。だがそれでも、その種の輩《やから》が消滅することはないだろう。権力との不健全な関係を許す記者クラブがある限り、新たな派閥記者はまた生まれるのである。

そうした記者たちが第一報を報じないだけならばまだマシかもしれない。しょせん記者にとって、スクープを取れるか取れないかなどは、運に頼る部分がほとんどなのだ。

問題なのは、不健全な派閥記者の中に、他人の仕事の邪魔をする輩が存在することだ。雑誌や社会部記者の取材を邪魔し、政治家と一緒になって食い止めようとする邪《よこしま》な者を記者と呼べるのだろうか。

彼らは、雑誌や社会部記者が政治家の身辺について取材し始めるのを察すると、すぐにその政治家に情報を伝える。ときに、指南役として振る舞い、メディア対応の策を考えることもある。そしてそれでも敵《かな》わないとなると、なんとか取材を止めさせることができないか、社内の上層部に働きかけたり、場合によっては直接行動でもって、当の記者に圧力をかけることもあるのだ。

その種の派閥記者が海外にまったくいないとは言わない。ただ、日本のように、それを記者クラブというシステムにまで昇華させてしまっている国は皆無だということだけは断言できる。

国民ではなく権力側に寄り添う新聞

政治記者の反論も聞こう。

「そもそも、スキャンダル報道のようなものは週刊誌やタブロイド紙の仕事だろう。うちは新聞だ。役割が違う」

内閣記者会所属のある記者の言い分はこうだ。政治家の不正を暴くようなマネは、高級紙のやることではない、と決め込んでいるかのようだった。

だが日本の新聞が、勝手に「高級紙」と思い込んで崇《あが》めているニューヨーク・タイムズでは、平気でスキャンダル報道を扱っている。先に記したマケイン報道もそうだが、クリントン前大統領とモニカ・ルインスキー女史との不適切な関係を、余すところなく微細な描写でもって1面トップで掲載したのもニューヨーク・タイムズだ。

このように、海外のジャーナリストたちは、いくら権力に接近しようと、最終的には権力と自らの適切な距離を思い出す。ジャーナリズムはあらゆる権力から独立した立場であるべきことを常に忘れないのである。

一方で日本はどうだろう。不偏不党と言っている割には、読者や国民の側に立って報道されたという記憶がほとんどない。最近、ますますその傾向が強くなっているように思う。

たとえばガソリン税（揮発油税及び地方道路税）の値下げに伴う新聞各紙の一連の報道などがそうである。

2008年3月27日、福田首相は緊急記者会見を開いた。3月31日でガソリンの暫定税率の期限が切れることで全国一斉の値下げとなり、結果、国民に迷惑をかけることになるから事前に謝罪したいというのがその趣旨である。

値下げをして困る国民はそれほど多くはない。ガソリンが安くなって困るのは、財源の減る政府及び官僚たちか、地方自治体の首長や地方議員、もしくは石油関連業種に従事している労働者だけだ。その他大勢の国民にとって、「値下げ」は基本的に歓迎すべきことであり、いくらガソリンスタンドに並ぼうと「混乱」など起こり得ないのは火を見るより明らかである。

ところが、会見翌日（3月28日）の新聞は一斉に「混乱へ」と報じている。

あまりの愚かさに呆《あき》れて、筆者は法律の期限切れ当日（3月31日）、フジテレビの情報番組

「とくダネ！」に出演し、怒りに任せて次のようにぶちまけてしまったほどだ。

「本日をもって『ガソリン税』が廃止されます。これによって、レギュラーガソリンで約25円の『値下げ』が現実のものとなります。しかし、喜んでばかりはいられません。

値下げのウラで、明日からは国民年金が一律310円の増額で14410円に、後期高齢者医療制度もスタートし、医療費、食料品、電力・ガスの光熱費、航空運賃などが一斉に値上げされ、国民生活は相当苦しくなるでしょう。

それにしても、政府のみならず、新聞の社説などが『混乱』というのはどうでしょうか。政府が『混乱』というのは決まって『値下げ』の時ばかりです。値上げ品目の多さからして、そちらのほうがよほど『混乱』を招く可能性がありますが、この場合は『混乱』とは呼ばないようです。

これは政府のプロパガンダではないでしょうか。だいたい『値下げ』で混乱するのは、政治家、首長、地方議員、官僚、そして一部のガソリン業者だけです。国民にとっては、『値下げ』はあくまでありがたいもの、本当の『混乱』は、ガソリン税を再度値上げした時にやってくるのです」

なぜ、新聞はいとも簡単にこうしたプロパガンダに引っかかってしまうのだろう。政府の意図に騙《だま》され、読者の感覚からはまったくかけ離れてしまう。

ある意味で、福田首相が一般生活者の感覚から遊離して、そのような意見を述べることは無理もない。なにしろ彼の父は首相、その長男として育ち、ガソリンの値上げに困らない石油会社で17年間、サラリーマン生活を送っていたのだ。その善悪はさておいて、もとより福田首相に一般国民の立場に立って考えることなど望むほうが間違いなのだ。

だが、新聞は違う。独立した編集方針で、政府の発表に従う必要は少しもないにもかかわらず、なぜかいつも権力側に寄り添っている。こうした姿勢を、新聞は自ら客観的だと自称してきたのだ。一体このどこが客観なのだろう。単に政府の見解に沿った意見を述べただけではないか。

新聞が、客観報道という便利な隠れ蓑《みの》を利用して、自らの立場を明確にしないことが問題なのではない。その実は偏向しているにもかかわらず、客観を装っているという点が問題なのである。客観を装った偏向報道ほど性質《たち》の悪いものはない。それはすなわち、読者を欺き、新聞自身をも騙していることに他ならないからだ。

第二節　メモ合わせ

国会で取材をしているとしばしば不思議な光景に出くわす。何人もの記者たちが円陣を組んで、額をつき合わせている光景だ。

ひとりの記者がメモを片手に何かコメントを囁《ささや》いている。周囲の記者たちは、逐一、その語《ご》彙《い》を確認しながら、ペンを走らせている。ライバルに対して塩を送るようなこの行為は「メモ合わせ」と呼ばれている。

政治家の声が小さくて言葉が聞き取れない時や、渦中の政治家が重要な発言をした時などによく見られる光景である。異なった会社の記者同士なのだが、その記録が正しいかどうか、お互いメモを見せ合う風習がこれだ。

実に日本的で微笑ましい光景ではないか。いまだ建設業界に蔓延《はびこ》る「談合」、それがマスコミ業界にも及んでいるとは、日本の企業文化の底の深さに改めて驚かされる。

だが、よく考えてみれば、これは、「談合」というレベルにすら到達していない。それ以下である。無理矢理に喩《たと》えれば、「カンニング」のようなものだろう。政治部記者はたちはそれを伝統の域にまで高めているのだ。

真剣な表情で「メモ合わせ」をしている彼らは、特定の政治家だけを取材する番記者という記者たちだ。気の毒なことに、朝から晩まで同じ政治家の後を追いかけて、「ぶら下がり」取材を繰り返す。その姿が金魚のフンのようなので、まさにそのまま金魚のフンとわかりやすい蔑称《べっしょう》で呼ばれることもある。その「ぶら下がり」取材でもって、対象となる政治家にぶら下がるようにくっついては、その一言一句を漏らさず拾っていく、これが番記者の代表的な取材方法だ。

これは日本独特の取材方式で、海外ではほとんど例をみない。「メモ合わせ」も同様だ。教育現場ではとても見せられないようなこの取材手法は、ぶら下がりと同じように海外では決して見られないものだ。

というよりも、仮に海外の報道機関でこうした行為をしたら、厳しい叱責《しっせき》を受けるか、あるいは解雇に至ってしまうだろう。見かけないのではなく、できないと言ったほうが正確なのかもしれない。

さすがに学生ですら、ここまで堂々としたカンニングは行わないだろう。こうした行為が許される背景には、日本のメディアの横並び意識が横たわっている。

他人より秀でないように、かと言って他人より劣らないようにしなければならない。常に周囲を気にしながら、日々の取材活動に励んでいる。番記者とは、実に繊細な神経の持ち主にしか務まらない仕事なのである。

筆者のニューヨーク・タイムズ時代、これとはまったく逆の印象的な出来事があった。

ある時、特派員のひとりであるステファニー・ストローム記者が、日本のビジネス関連の記事を本社に出稿した。記事の内容は失念してしまったが、数日後に掲載された時の彼女の狼狽《ろうばい》ぶりは、今でも忘れられない。

紙面に彼女の記事が掲載されたのと同じ日、ワシントン・ポストにも似たような日本のビジネス関連の記事が載ってしまったのだ。

それは実際、まったくの偶然であった。だが、彼女は、その偶然が真の偶然であり、ポストの記者と一緒に取材したものでもなければ、ましてや事前の打ち合わせなどは一切なかったことを証明しなければならない羽目に陥ったのである。

これが日本の新聞社だったらどうであろうか。おそらく正反対の反応をしたのではないかと推測できる。外国のジャーナリストならば他人と同じような記事を書くことを避けるだろう。ひとり日本の記者だけが別の感性を持っているようだ。

記者クラブの記者ならば、他紙に自分の書いたものと同じ内容の記事が載っていた途端、心から安堵《あんど》するに違いない。さらにコメント内容まで同じならば、より確かな安心が待っている。問題は、同じような取材をしていて、自分だけが独自の記事を書いてしまった場合だ。

朝刊でスクープ記事を書いた記者が、どの新聞社も追ってこないことに不安になり、自らライバルたちに情報をリーク、他紙の夕刊に書かせるという信じがたい話は、記者クラブであるならば少しの違和感もなく受け入れられることだろう。

実際に筆者もその種の行為をいくつか見聞している。独自ネタでスクープ記事を書いたままではよかったが、のちに心配になったのだろう、各方面に電話を入れ、自分の記事が逸脱していないかどうかを確認して回った新聞記者を知っている。

その記者は、他紙が夕刊で追ってこないことを知るとさらに焦った。そしてテレビ局の記者にリークし、夜のニュース番組で扱われたのを知って、ようやく安心した様子を見せたのであった。

彼らの職業は一体何なのか？　自分を信頼できない人間が、記者と名乗って自信のない記事を書く。それを読むのは読者だ。読者こそが災難だ。一体、自らの自信の持てない記事を出して、どのように読者を納得させようとしているのか。

どの新聞を読んでも同じなのは、こうした無意味な横並び意識を持ったまま取材を行い、執筆しているからであろう。哀《かな》しいかな、これが日本の新聞の現実なのだ。

円陣を組む「メモ合わせ」は、ジャーナリストとしては致命的な悪習だ。それは単に慣習の問題ではない。世界中のいかなる学校といえどもカンニングを許していないのと同様、世界中のジャーナリズムも記者同士の情報の「照会」を許していない。

ストローム記者が慌てたのにはそんな背景があるからだ。仮に、他の記者の情報を盗んで自らの記事にしたとしたら、その瞬間にその記者はニューヨーク・タイムズを解雇され、永遠にジャーナリズムの世界に足を踏み入れることができなくなるだろう。

記事の剽窃《ひょうせつ》は日本でも許されない行為のはずだ。しかし、驚くのは、剽窃してもクビにならずに、のうのうと会社に残っている人物がいることだ。

日本のメディアは、そうした人物の存在を許しているだけではない。信じがたいことに、中には記者として再度復活させている会社もある。こうした甘い慣習は、日本の報道機関全体に蔓延《まんえん》している。

他人のものを盗めば、当然に罰せられるのが法治国家の理だ。日本でもそれは例外ではない。だが、なぜか記者クラブ所属の一流メディアの間では、そうした社会通念上、当然のルールが無視されているのだ。

たとえば、記事中の引用にクレジット（引用先）を打たないのは、日本のメディアだけである。それは悪《あ》しき商慣行であり、海外ならば即刻、訴訟の対象となるであろう。

スクープ連発、「一部週刊誌」という雑誌

自らの著作権などの権利関係にうるさい割に、他者のそれを踏みにじることに関しては極め

て寛容なのが日本のメディアだ。そうしたインチキが平気でまかり通り、誰も気に留めていない。

会社がこのような「カンニング」を許しているからこそ、個人の記者が「メモ合わせ」のような恥ずべき行為をしても何の文句も言えないのではないだろうか。仮に教育現場で、その種の不正を行えば、当然にその学生は罰せられ、退学処分を下されることもある。

しかし、新聞は平気で「カンニング」を行う。それればかりではなく、自らが盗用の先頭に立って、その状況を許してさえいる。

そうした欺瞞は「一部週刊誌」という言葉に顕著だ。日本には、スクープを連発し、極めて影響力のある雑誌が存在する。その名を「一部週刊誌」という。たとえばこんな具合だ。

宮崎県の東国原《ひがしこくばる》知事が自宅マンションに連日女性を泊めていると一部週刊誌が報じたことを問われ「わたしの家は支援者、後援会、友人、知人いろんな方が出入りしている」と答弁した。

（産経新聞／2007年2月26日付）

もちろんこれは、「一部週刊誌」という名の雑誌が報じたものではなく、『週刊現代』という講談社発行の週刊誌の記事を指している。これは決して特殊な例ではない。すべての新聞が長年の習慣として、こうした行為を今なお続けている。

２００７年の新聞記事で「一部週刊誌」がスクープした記事を拾ってみても一目瞭然《いちもくりょうぜん》だ。本間正明政府税調会長（当時）の愛人報道は『週刊ポスト』、「発掘!! あるある大事典II」の納豆データ捏造《ねつぞう》報道は『週刊朝日』、日本相撲協会の八百長報道は『週刊現代』と、とにかく枚挙にいとまがない。

このように、新聞が「一部週刊誌」というクレジットを多用するのは単にちっぽけな面子《メンツ》だけの問題であろう。一方で被害者であるはずの週刊誌の中に、こうした愚かな行為にいちいち目くじらを立てるのも馬鹿らしい、という意見があるのも確かだ。自らも同様の行為に手を染めている引け目もあるのかもしれない。

だが、情報源を明示しない悪癖を許してきた結果が、日本のジャーナリズム全体を貶《おと》しめているのだ。それは単に面子の問題ではなく、読者へのサービス低下にも繋がっている。

仮にクレジットを示していれば、より詳細な情報を知りたいと思う読者は、当該週刊誌を手にするという選択肢を得ることになる。

もっとも売れているとされる読売新聞は約１０００万部、同じく総合週刊誌では『週刊文春』の約60万部といわれている。その発行部数からしても、日本には新聞だけ読み、週刊誌をまったく読まない層がかなりいることが窺える。

つまり新聞だけを読んでいる読者は、「一部週刊誌」の具体的な媒体名を知る機会を永久に奪われ、それ以上の情報収集を自動的に放棄せざるを得なくなっているのだ。

新聞は、その紙面において窃盗や盗用事件などを積極的に報じて、社会正義の実現のために尽くしているはずだ。ところが一方で、自らの同じような行為については、組織的な「盗用」と見做《みな》されてもおかしくないことを繰り返している。自己の矛盾には目を瞑《つぶ》り、「一部週刊誌」というクレジットを連発し、それでつまらない面子を守ったつもりでいる。新聞はそろそろそうした不正行為を止めたほうがいいのかもしれない。

なんでも「わかった」スピリチュアル報道

さらに、これよりももっと酷《ひど》い習慣が存在する。新聞の「わかった」報道である。どうやら日本の新聞には、「超能力」や「霊感」を持った記者がたくさん存在するようだ。

２００７年３月、「オーラの泉」（テレビ朝日系）などのテレビ番組で人気のタレントの美輪明《みわあき》宏《ひろ》氏が、愛車「トヨタクラシック」を運転中に交通事故を起こしていたことがわかった。『週刊朝日』が２ページにわたって報じたものだが、記事には、美輪氏へのインタビューの他、交通事故鑑定人や弁護士のコメント、さらにはバイクに乗っていた被害者とされる若者の母親にも取材した様子が掲載されている。

事故から約2カ月が経過し、『週刊朝日』が発売されたその日、不思議な現象が起こった。新聞各紙が一斉にこの事故を報じたのである。

俳優の美輪明宏（本名・丸山明宏）さん（72）が今年3月、東京都内で乗用車を運転中にオートバイと接触事故を起こしたとして、警視庁碑文谷《ひもんや》署が先月23日、業務上過失傷害と道交法違反（事故不申告）の疑いで書類送検していたことがわかった。

（読売新聞／２００７年5月25日付）

このように日本の新聞が、同時に「わかった」として同じニュースを報じることは頻繁にあることだ。それまでは、予兆のかけらすらない事柄を、いきなり各紙揃《そろ》って記事にする。日本の新聞記者たちの潜在能力にはいつも驚かされるばかりである。もはや超能力を使っているとしか思えない。

１９８０年代、イギリスのロックグループ「ポリス」が歌った「シンクロニシティ」という心理学での共時性を思わせる歌を髣髴《ほうふつ》させる。とはいえ、日本の新聞に偶然性を求めるのは無理があり、その可能性は低そうだ。

この種のニュースの場合、その記事に「わかった」根拠が示されることはまずない。それは同じ新聞による「一部週刊誌」報道と同様、その理由を知りたい読者にとっては永遠の謎である。おそらく、超能力や霊感の優れている者だけにしかわからないよう、敢えて伏せられているに違いない。

クレジットを隠すこうした姑息《こそく》な行為は、読者への裏切りに他ならない。そして、こうした見え透いた「トリック」は、結局、新聞自らの信用を貶めることに繋がるだろう。

例にとったのは「霊感」を売りにするタレントの交通事故の記事だが、新聞記者たちの書く「わかった」報道に触れるにつれ、彼らにこそ「霊感」が宿っていると感じてしまう。さもなければ、説明のつかないのがこの「わかった」報道なのである。

ちなみに、ニューヨーク・タイムズでこうしたことが起こったらどうなるのだろうか。

2007年1月、上海を訪れた筆者は、上海支局長になったばかりのハワード・フレンチ氏に一連の話をした上で、意見を求めた。

「ジャーナリズムの世界ではそうした方法は決して許されない行為だ。もし引用先を隠すとしたら、それは相当の理由がなければならない。情報源が著しい不利益を被る、生命・身体の危機が及ぶといった理由だ。しかし、すでに公になっている雑誌の情報を隠すのは、当然そのどれにも該当しない。ニューヨーク・タイムズでそうした記事が載ることは絶対にないだろう。なぜなら記者がそんなことをしないからだ。そして仮にしたとしても編集局がそれを認めない」

新聞に比して、雑誌の世界ではクレジットを記すことに関して、随分と進歩してきたように思う。それでももちろん海外のメディアの足元にも及ばない。

筆者が日本の新聞雑誌などの活字メディアに寄稿し始めた2000年当時は実に酷かった。クレジットを打つか打たないかでたびたび編集者とぶつかったことを思い出す。クレジットを打つことは、その記事を書いた記者への敬意も含まれている。つまらない面子のために、他人の仕事を盗むことなど絶対にするべきではない。

筆者が引用先を記した原稿を書くたびに、その部分を消してくる編集者と何度同じ言い争いをしてきたことだろうか。

筆者は、何も特別のことをしているわけではない。他人のものを盗まないのは当然であり、所有物を示すのは立派でもなんでもなく、当たり前のことだからだ。

かつて、朝日新聞の1面に『噂の眞相』（現在は休刊）を引用した記事が載ったことがあった。ジャーナリストの西岡研介氏の仕事によるその記事は、則定衛《のりさだまもる》検事長の女性スキャンダルを追ったものだった。その記事が朝日新聞に紹介された時の新聞記者たちの反応が忘れられない。

誰もが朝日新聞の記事を話題にし、「朝日はすごい」「立派だな、朝日は」と言い合っている。黙って記者たちの会話を聞いていた筆者は、我慢できずに口を挟んだものだった。

「クレジットを載せるのは当たり前だ。海外では仮にクレジットを載せずに記事を書いたら盗用扱いされて、訴訟の対象にすらなる。今回の場合、立派であるのは朝日新聞ではなく、取材をして記事にした『噂の眞相』の記者のほうだろう――」

だが、こうした論理は、彼らには通じなかったようだ。三流メディアの記事を一流メディアが載せてやったんだという露骨な差別意識がそこには働いている。のちにそれは、筆者自身もいやというほど経験することでもあった。

自己防衛としてブログを開設

田中眞紀子氏への取材は困難を極めた。さまざまな形での政治的圧力、彼女のファンと称する人物からの脅迫、同業者であるはずの記者たちからの裏切り――。それでも、『週刊文春』や『文藝春秋』への数回にわたる寄稿で、徐々に理解してくれる読者が増えたのも確かだった。

だが、皮肉にも、本当の困難は理解してくれる同業者が増えるに比例して大きくなったように思う。平気で引用先を消し、あたかも自らの取材であるかのような報道を繰り返すメディアが後を絶たなかったのだ。そのため、溢《あふ》れるような田中眞紀子氏関連の記事が、一体、誰の取材で誰の手によって書かれたのか、さっぱりわからなくなってしまった。

中には、筆者が取材した直後に亡くなった元秘書のコメントが堂々と載っているものもあった。その元秘書は筆者以外の取材を一切断っていたので、不思議なこともあるものだと思っていた。いやもしかしてあの世から霊媒などを介して発言したのかもしれない。まあ、いずれにしろ大変スピリチュアルな気分にさせられたものだ。

ただそうしたことについては、自分自身の仕事を誇るのも無粋であるし、ましてや他の取材で多忙を極めてもいたので、大抵は放っておいたものだった。しかし、どうやらそれが間違いの元だったようだ。

その後も、田中氏についての報道は続き、2001年4月、彼女が外務大臣に就任した時、それはピークに達した。

新聞、テレビ、雑誌などの報道を見ていても、もはや誰の仕事かわからない。そして、田中氏が外相を辞め、さらに議員辞職をしてそうした騒動がやや収まった2003年のある日、あるテレビ局の幹部からこう言われたのだった。

「君は、田中眞紀子とか、海老沢NHK会長とかと、マスコミが叩いたものばかりを真似して批判する傾向にある。若いのだから、そうしたずるいことは止めたほうがいい。それができればうちでも使えるのだがな」

こうしたことは、広言しないつもりでいた。そうした発言にいちいち反論して説明するのも馬鹿らしいし、何より自分の仕事を誇るようでみっともない。それに、自分の過去の仕事への評価などには構っていられないほど忙しかったこともあった。

いや正直に告白すれば、同じジャーナリストや記者なのだから、きっとそれが誰の取材によって世に出たのか、みな知っていてくれるのだろうと、勝手な解釈をしていただけなのかもしれない。

不思議なことに、言論を扱うこの業界にあって、直接、当事者を批判する記者は極めて稀《まれ》である。日本のメディアには、堂々と面と向かってモノを言う記者よりも、陰で想像を逞《たくま》しくして噂を広める輩のなんと多いことか。

ジャーナリストならば誰もが受けるこの種の中傷について、どのように対応していくべきか、かつて櫻井よしこ氏から一種の指針を教わった。

「私はですね、匿名での中傷や、姿を見せない卑怯《ひきょう》な陰口などは、一切相手にしないことにしています。自ら名前を名乗って、正々堂々と議論をしてくるような方だけには、きちんと応対することにしています。だってそれはそうでしょう」

米紙の先輩である櫻井氏のアドバイスに倣ったわけではないが、それ以降、筆者も同様の対応をすることにしている。

また、ちょうどそうした的外れな批判が激しくなってきた頃、防衛手段として「ブログ」というものを開設することを思いつき、すぐに実践した。決してオフィシャルなものではないが、ブログは自己防衛のためだけではなく、その後の筆者の多くの仕事に寄与している。ブログは、何気なく書き留めたものでも証拠として残り、前出のようなことを言ってくる大手マスコミの人間が一気に減ったものだ。

海外のジャーナリストの多くが個人のブログを開設している。双方向での意見のやりとりは、ときに思わぬスクープをもたらすこともある。2005年、米国の有名ニュースキャスター、ダン・ラザー氏をCBSの看板番組「イブニング・ニュース」から降板させたのも、ひとつのブログの記事からだった。この年、CBSはブッシュ米大統領が兵役逃れを行っていたということを示す書類を入手し、一大スクープとして報じた。ところがひとりのブロガーがその報道に対して、独自の調査の結果、報道の根拠となった書類が虚偽であることを暴いた。このブログによって、繰り返し番組でブッシュ大統領を批判していたラザー氏は辞任を余儀なくされたのだ。

一方で、ジャーナリストのほうも個人のブログを持ち、武器として使い始めている。ニューヨーク・タイムズでは記者やコラムニストがブログを持ち、読者からのコメントに答えている。日本では産経新聞の阿比留記者のブログが有名だ。

ブログはまた別の副産物をもたらした。引用先を示さず、平気で他人の記事を盗用する日本のメディアへの牽制《けんせい》にも使えることがわかったのだ。

ブログなど、インターネットの発達によって、既存のメディアは変化を余儀なくされている。これまでは手段を持たなかった一般の人々が、自分のメディアを所持することで、マスコミへの対抗手段として使い始めたのだ。これは不健全な記者やジャーナリストにとっては脅威となった。

これまでのように、取材でのごまかしが利かず、盗用や捏造などのインチキが通用しなくなったからだ。日本でも同様の例が発生している。

山梨日日新聞の論説委員長が他紙の社説など16本を盗用した問題、あるいは朝日新聞の富山支局の記者が読売新聞の記事を盗んだことなどが、J－CASTなどのネットでの指摘により次々と明らかになっている。このようにかつては日本のメディアで常態化していた数々のインチキがネットやあるいは一般の人々によって暴かれ始めたのだ。

こうしてメディアを取り巻く環境は劇的に変わった。あとは、新聞自身がその現実に気づき、慣習化した悪癖である「メモ合わせ」や「一部週刊誌」「わかった」などのような引用先を伏せた「盗用」に近い報道を止めることが待たれるのである。

第三節　自由な言論を許さないメディア

貴様のような奴は訴えてやる！

ＮＨＫの海老沢勝二会長（当時）といえば、こんな記憶がある。

「君はジャーナリストとしてよりも、人間として勉強し直したほうがいい。わがＮＨＫ１万２０００人の職員は全員、君のことを嫌っている」

２０００年、筆者は取材のために海老沢氏と電話で話をしていた。その際、海老沢氏はのっけからこう言い放ち、かなりの剣幕で怒っていたのである。

電話とはいえ、海老沢氏とは初対面である。にもかかわらず、著者のような若造に対してずいぶん親切な人物である。厭味《いやみ》でもなんでもなく、見知らぬ人物にすら、言いにくいことでもはっきりと述べるという意味で、実に正直な人物だとある種の爽快さを感じたものだった。

さてその日、海老沢氏が筆者を叱咤《しった》した理由を説明するには、少しばかり時計の針を戻さなければならない。

１９９９年９月、ＮＨＫは看板アナウンサーのひとり、黒田あゆみ氏（当時／現・渡邊あゆみ）の降板を発表した。

その直前、スポーツニッポンなどが「離婚を隠していた」と報じたことが理由だとされたが、NHK側はこれを完全否定し、その真偽をめぐって、マスコミではちょっとした騒ぎになっていた。雑誌やワイドショーが取り上げ、NHKの看板キャスターの「醜聞」に徐々に報道が過熱していく。そんな時に参戦したのが、福島瑞穂《みずほ》氏（現・社民党党首）だった。福島氏は、毎日新聞紙上で、「仮に男性アナウンサーならば『離婚』を理由に職を解かれることはない。これは明確な女性差別だ」という論陣を張り、黒田氏を援護したのだ。

当時のNHKは、男女の雇用機会の平等を高らかに謳う企業のひとつであった。直前、朝日新聞が調べた「女性に優しい企業」のベスト10にも入っていた。そんなNHKが、あからさまな女性差別を行うだろうか。

そこで真意を確かめるべく、筆者はNHK広報に取材を申し込んだのだ。

インタビューは渋谷のNHK放送センターで、広報担当（当時）の春原氏と米本氏に対して即日、行われた。そしてインタビューの最後になって、「スポニチの記事がなければ、黒田の降板もなかった」という言質《げんち》を取り、その部分を翌日のニューヨーク・タイムズに掲載した。

「事件」が起きたのはその直後である。翌日の昼、タイムズに出社した私に、女性秘書のひとりが、「上杉君、朝からNHKから何度も抗議の電話がかかってきてるわよ。相当の剣幕よ」

と囁いたのだ。

何か過ちを犯したのだろうか、私は不安になって、自らNHK広報に電話をかけてみた。

「貴様、ふざけんな」

確かに、冒頭からものすごい剣幕である。

「貴様、なめてんのか。貴様のような野郎はニューヨーク・タイムズで働く資格はない。ニューヨーク本社の知り合いに掛け合って絶対にクビにしてやる。貴様、覚えていろよ」

世間ではちょうど東芝クレーマー事件が起きたばかりである。あまりに激しい一方的な罵倒に、NHKとは無関係の筆者ですらさすがに心配になってしまった。

さすがに、極東の島国の公共放送の広報担当者が、米国東部の地方新聞の人事権までをも握っているとは思わないが、もしものこともある。どのように人事権が行使されるか楽しみにしながら、筆者はすぐに、ニューヨーク本社に事の顚末《てんまつ》を伝えた。それに対する本社の回答は、至極真っ当なものであった。

「記事の内容に誤りがあるのならば、速やかに訂正を出せばいい。そうでない場合は訴訟担当の窓口を教えてやれ」

幸いなことに、NHK側は記事の過ちを指摘しているわけではない。NHKに配慮もせずに本当のことを書いたことに怒っているだけだ。夕方、再びかかってきたNHK担当者からの電話に、次のように伝えた。

「お互い報道機関とはいえ、同じ人間ではありません。見解の相違というものは必ず存在します。またジャーナリズムといえども間違いは犯すものです。ですから仮に、私たちの記事に過ちがあるというのならば、ご指摘ください。支局長も喜んで訂正する旨申しております。そうではなくて、単に苦情というのならば、本社の窓口を紹介しますので、そちらに電話をおかけください。ただし、国際電話なので少々通話料はかさみますが……」

ニューヨーク・タイムズは世界中から訴訟を受けている。当時、聞いたところでは年間40０件近い訴訟を抱えているということだった。訴訟社会の米国にあって、それはある意味、仕方のないことなのかもしれない。また、厳しい海外報道を繰り返しているため、途上国の政府などからも頻繁に裁判を起こされていた。そうした伝統があるためか、日本のメディアのように裁判を恐れるということがないのだ。

もちろん表現の自由を第一条に謳った合衆国憲法の存在もあろう。米国は訴訟が脅しになる日本社会とは根底から違うのである。そもそも年がら年中、国内中を訴状が飛び交う国である。そうした事情を知らないのだろうか、案の定、ＮＨＫの担当者は訴訟をチラつかせてきた。

「貴様のような奴は絶対訴えてやる」

この極めて日本的な脅しに対して、私は「どうぞ」と言い、ニューヨーク本社の訴訟セクシヨンの電話番号を教えた。

それでもＮＨＫの担当者は「貴様、ＮＨＫに来い。話をつけてやる」と怒鳴り続けている。こうした電話は連日続いた。さすがに他の仕事の邪魔にもなる。半ば呆れて、私はこう言った。

「用事があるのならば、そちらからお出でになるのが筋ではありませんか？　それから、ずっと電話で『貴様、貴様』と呼んでいただいていますが、ちなみに私の名前は『貴様』ではありません」

すると、ＮＨＫの担当者は一拍おいてこう言い放ったのだ。

「じゃ、『オマエ』だ。オマエが来い」

＊東芝クレーマー事件とは、東芝製のビデオデッキを購入したユーザーが修理を依頼したところ、東芝側の対応が酷かったとして自らのウェブページで公表、アクセス数１０００万件を突破して東芝不買運動にまで発展した事件のこと。

「落とし前がついていない」から取材拒否

話はまだ続く。任俠《にんきよう》取材のようなこの騒動が終わった後、ニューヨーク・タイムズ東京支局は、２００２年ＦＩＦＡ（国際サッカー連盟）日韓ワールドカップのテレビ放映権の不正利権疑惑の取材を欧州支局と同時進行で追っていた。

取材の舞台はスイスと日本。ＦＩＦＡとその代理店のＩＳＬがスイス、ＪＣ（ジャパンコンソーシアム）とその代理店の電通が日本、という具合であった。ブラッターＦＩＦＡ会長とＩＳＬ社長、そして電通の担当者のインタビューを終え、いよいよ残るはＪＣという段までやってきた。

詳細は省くが、その記事ではＮＨＫは明らかに被害者であった（"Soccer ; Japanese TV rights for 2002 World Cup : Please Stand" By HOWARD FRENCH : December 7, 1999）。ゆえにその記事のためにはどうしてもＮＨＫの海老沢会長のコメントが必要だったのだ。そこで私の出番が回ってきた。

ＮＨＫに取材を申し込む。だが広報の答えはこうであった。

「黒田の記事の落とし前がついていない。落とし前をつけてから申し込め」

今回と前回の取材はまったく別物であるということ。さらに、今回はＮＨＫは被害者であり、その事実を知るのは翻ってＮＨＫのためになるということ。そして、「落とし前」という意味がわからない旨を伝えると、ＮＨＫ広報はこう言った。

「前回の記事の謝罪文を掲載しない限り、ニューヨーク・タイムズからの取材は一切受けない」

それでも、何度も取材依頼を行ったが、通常ルートでの万策は尽きた。というよりＮＨＫ側に受けるつもりがないのである。そこで、担当者には気の毒だったが、会長である海老沢氏に直接連絡を取ることにした。そして、海老沢氏の自宅にファックスで質問状を送った上に、海老沢夫人に、ご主人にお渡しくださるようにと頼んでおいた。そこでかかってきた電話での言葉が冒頭のものである。

日本の放送局では、唯一ＮＨＫだけが、新聞・通信などと同じ形式での入社試験を行い、地方の社会部記者を駆け出しとするという点で新聞と同列に扱われてきた。

だが、報道機関を任じながら、自らの都合の悪いことになると、圧力や人事権をチラつかせ、言論を封殺しようとする姿はとても報道機関とは思えない。

その後、２００２年、『文藝春秋』による海老沢氏へのインタビューが叶《かな》った際、まさしくその印象を決定づける事件を目撃した。

海老沢一座の大芝居

ＮＨＫ放送センター上層階の部屋に到着するなり、筆者に対する質問から、その不思議なインタビューは始まった。まずは会長室広報担当（当時）の三浦元氏から冒頭30分、私への質問攻めが行われる。まるっきり喧嘩《けんか》腰《ごし》である。

それにしてもＮＨＫとは本当に変わった会社だ。インタビューを受ける側なのに、逆に質問を連発し、相手を嫌な気分にさせてしまう。確かに熱心なのは素晴らしいことだが、これではどんなインタビュアーだろうが、最初からみな不機嫌になってしまうだろう。そんなことはつゆ知らず、後に登場する海老沢氏も気の毒といえば気の毒である。

その海老沢氏が部屋に現れると、なぜか7、8人に膨れ上がっていたNHK側のスタッフがいきなり全員起立して会長を迎えた。

「まぁ、まぁ」

手で合図をしながら、部下たちを座らせる海老沢氏。ようやく我々との挨拶が交わされる。NHK側の都合で時間も限られている。すぐにインタビューに入った。

海老沢氏のNHK入局に際して、当時、地元茨城県選出の衆議院議員、橋本登美三郎《とみさぶろう》氏の力添えがあったのか否かと聞いた時のことだった。

「その質問を取り消してもらおう」

隣の席に座っていた三浦氏がいきなり立ち上がるとものすごい剣幕でこう怒鳴った。すると、後ろのパイプ椅子に控えていた他のスタッフもみな立ち上がり、それぞれに文句を言っている。

「まぁ、まぁ、おい、黙って座れ。すみませんね、私は、何にでもお答えいたしますよ」

憤る部下たちをなだめ、手で合図を送って座らせると、海老沢氏は小さな声でこう言ったのだ。

その直後、再び、NHKと政治の関係について質問が及ぶと、まったく同じ光景が繰り返された。こうして海老沢一座との人情味溢れるインタビューは終わった。そして私はその時の印象的な様子を揶揄《やゆ》して、記事に「エビジョンイル」と書き出稿したのだ。

こうした体質はNHKにのみ特有のものではない。日本の記者クラブというより日本のマスコミが持つ共通の傾向だ。

いつもは他者の批判記事を書いている割には、自身や自身の組織にその矛先が及ぶとヒステリックに反応し、言論機関であるにもかかわらず正々堂々と言論で勝負するのではなく、知己の幹部などに相談し、上層部からの圧力によって、その批判を止めさせようとする。

日本のマスコミで、そうした圧力が通用してしまうのは、記者が経営に入っていることと無関係ではないだろう。かつて取材協力者として、あるいは記者クラブで机を並べた「同僚」からの頼みとあれば、そうそう断ることもできないのかもしれない。

また、圧力をかけられた現場の記者たちからしてみても、かつての先輩たちに楯突《たてつ》くことは難しくなる。よって、そうした圧力が功を奏し、同業者であるマスコミ批判が消滅していくのではないか。

編集と経営の峻別は、こうした理由からも日本のジャーナリズムが早急に採用すべき改善点のひとつなのである。

常に厳しくチェックされる米国の記者たち

ニューヨーク・タイムズの1面の左上には毎日「All the News That's Fit to Print」（掲載に値するすべてのニュースを）という言葉が掲載されている。

この他にも、よりよいジャーナリズムであるために不断の努力を怠らない。筆者がニューヨーク・タイムズにいた頃、突然、本社から"Rules of the road"（ルールズ・オブ・ザ・ロード）という指針が送られてきた。理由は思い出せない。だが、それはしばらくすると東京支局の入口の壁に飾られる。筆者は暇になると、その前に立ち、短い13篇の箴言《しんげん》を読み返していたものだ。

その13篇の警句は、ニューヨーク・タイムズにかかわる個々人が、取材し、執筆するにあたっての注意点を列記したものであった。そこには、日本の報道機関には決して見られない率直さと余裕、そして誇りが窺える。

・Embrace diversity.（多様な価値観を受け入れよ）

・Accept responsibility；delegate authority.（責任は受任すべし、だが権威は委任すべし）
・Maintain perspective and a sense of humor.（常に大局的に捉《とら》え、ユーモアのセンスを忘れるな）
・Our journalistic work is sacrosanct.（ジャーナリズムは神聖不可侵なものと心得よ）
・Don't be a slave to budgets.（カネの亡者となるなかれ）

さらにこうした戒めは日常の取材活動の中でも不断に続いた。本社からは毎週、黄色い冊子が送られてきた。添削テキストとなっているそれは、ニューヨーク・タイムズに掲載された一週間分のあらゆる記事について検証するものだった。良い例と悪い例に分けて示された記事は、良いものに対してはどの点がよかったのかを示し、悪い記事についてはどこが悪いのかを、本社の検証の担当者が朱を入れて記者全員に送ってくるものだった。

本社からの航空便が届くと、特派員たちは落ち着かなくなる。黄色い冊子を何気ないしぐさで回し読みするも、心中穏やかではなかったようだ。ピュリッツァー記者のシムズ氏でさえ、黄色いテキストで自身の記事が褒められていると、喜びを隠さなかった。また、特派員の誰もが、そこで自分の記事が俎上《そじょう》に載せられて批判されていないのを知ってほっとするのだった。

こうして有名記者といえども、常に厳しい目に晒《さら》され続けていたのがタイムズだった。その看板に胡坐《あぐら》をかくような余裕はない。日本の「大物記者」たちが持つような権威は永続しないのである。

ニューヨーク・タイムズが行ったある有名記者への次のような処遇こそが、まさしくその証《あかし》であろう。

ピュリッツァー記者でもあったその人物は、米国ならば誰もが知っているような人気ジャーナリストだった。タイムズではコラムを持ち、望みさえすれば、ほとんどいつでも、比較的大きなスペースで署名記事を掲載することが可能だった。米国のジャーナリズムの世界では、彼の名前は常に輝かしい栄光とともに語られていたのである。

ところが、歳《とし》には勝てないのだろうか、年々、彼の記事は本来持っている鋭さを失っているのではないかという評判が広がり始めていた。

そんな中、編集主幹にハウエル・レインズ氏が就任すると、ニューヨーク・タイムズは、功労者ともいうべき彼に対して、突如、警告を発したのである。

昨今の貴殿の記事の内容には不満がある。一定の期間内に改善が認められないようであるならば、契約を解除する。

ニューヨーク・タイムズ内でそのニュースは衝撃をもって伝わった。はるか極東の一支局で働く特派員たちの間でも大きな話題になったほどであった。それから数カ月して、この警告は現実のものとなった。記事に改善が見られないとして、ニューヨーク・タイムズはこの記者との契約を打ち切ったのだ。

記事より重要な社内の権力闘争

こうした厳しさを日本の新聞社で見かけることは決してないだろう。ほとんど記事も書いていないのに、ただ長くいたというだけで、実に多くの「名物記者」たちが我が物顔で社内を闊歩し続けている。お粗末な誤報を連発してもクビになるどころか、部署異動によって社員として、定年まで生活を続けることができる。日本の新聞記者はまったく優雅な職業である。

彼らにとっては、良質な記事を書けるかどうかはさして問題ではない。問題は、社内でいかにいいポジションをキープし続けることができるかがすべてなのである。

たとえば政治部。三席、サブキャップ、キャップ、デスク、次長、部長と無事に出世の階段を駆け上がり、編集局長（報道局長）に到達すればそこからは社内の権力闘争が待っている。

そもそも、「新聞記者」と「企業経営」という、まったく別種の職業が1本のラインで結ばれているのがおかしい。仮に、社内でジャーナリストとしての頂点を目指すとなれば、それは編集局長であるべきはずだ。その先の企業経営に足を踏み入れるということは、ジャーナリストという職業を放棄することに他ならない。

日本では当たり前のように思われるこの制度だが、海外の新聞社から見れば、まったくもって奇妙奇天烈《きてれつ》に見えるようだ。

かつて、筆者とともに仕事をしたシェリル・ウーダン記者の例を見てみよう。

ニューヨーク・タイムズではそもそも、記者が出世して経営に入るという考え自体が存在しない。編集部門で働いた人物のゴールは編集局長であり、ジャーナリストとしてはフリーランスだったりすることが多い。

ウーダン氏がジャーナリストとしてのキャリアに自ら終止符を打った時もそうだった。ピュリッツァー賞受賞者でもあった彼女が、本社のプログラムに従って、編集部門を辞め、経営に参画すると聞いた時、同僚たちの多くは驚いた。なぜなら、彼女の記者としての実力もさることながら、それは一旦《いったん》会社を辞めることを意味するからだ。

実際、彼女はニューヨーク・タイムズの記者を辞め、経営学修士（ＭＢＡ）を取得するためにビジネススクールに通い始めた。その後、再びニューヨーク・タイムズに戻ると、経営スタッフとして契約、初めてタイムズの企業経営に口を挟める権利を獲得したのである。

ちなみに米国の新聞社ではどんなに立派なジャーナリスト、記者であろうが、会社の経営方針に口を挟むことはできない。

例としては極端かもしれないが、それは引退した中田英寿選手（サッカー）がプロ野球の楽天のコーチに就任するのと同じくらい異次元のあり得ない話なのである。

逆に経営陣が編集部門に口を出すこともできない。そんなことをしたら、編集権への介入だとして大騒ぎになるだろう。

かつてハワード・フレンチ記者との間で、日本の新聞の経営と編集の区別について話題になったことがある。彼は、米国との違いを挙げながら、半ば呆れてこう語ったものだった。

「仮に、タイムズの経営陣が編集現場に何らかの指示を与えたとする。その瞬間、タイムズは終わりになるだろう。なぜなら記者たちはみな抗議をして辞めてしまうだろうからだ。少なくとも私自身はそうする」

実際にこんな話があった。ニューヨーク・タイムズのザルツバーガーJr.社長が、編集幹部を前にして、ふと、最近自分の友人のひとりである開発会社社長の男に対してタイムズが取材をかけているようだね、と漏らした時のことだ。その一言が経営からの圧力だとして編集部は大騒ぎになり、結局、社長は謝罪に追い込まれたのである。ニューヨーク・タイムズでは、それほどまでに厳格に経営と編集が分けられている。

ところが、日本の現場ではそうした健全な感覚は完全に麻痺しきっている。ほとんど躊躇《ちゅうちょ》なく編集現場に経営の意向が降りてくるのだ。それはかつての記者たちが経営陣を占めていることと無関係ではないだろう。

不健康な編集と経営の癒着はまた日本のマスコミの特徴でもあり、哀しいかな、日本のジャーナリズムの健全性を殺《そ》ぐひとつの理由ともなっているのだ。

大連立の仕掛人、渡邉恒雄

2007年秋、永田町は福田首相と小沢一郎民主党代表による「大連立騒動」に巻き込まれた。仕掛け人として名前が挙がったのが、読売新聞グループ本社会長兼主筆の渡邉恒雄氏だった。大連立は渡邉氏の持論でもある。だがさすがにここまで堂々と展開したことで他のメディアからも疑問の声が上がっていた。

以前、渡邉氏にインタビューした際の記憶を思い出しても、極めてサービス精神が旺盛で、好人物だという良い印象しか残っていない。日本のメディアのフィルターを通してみると、なにやら「報道界の巨悪」をひとりで体現しているような人物に映る。だが、それは幻想に過ぎず、齢《よわい》80を越えた愛嬌のある「好々爺《こうこうや》」といった感じのほうがふさわしい。

たとえば、質問を受けていて曖昧な点が見つかると、すっと立ち上がって自ら資料に当たり、事実関係を確認して戻ってくる。読売グループのトップに君臨しながらも、根っからの「新聞記者」なのだろう。

ところが、この大連立騒動の時は、そんな様子は微塵《みじん》もなく、傲慢な姿ばかりがテレビカメラに映っていた。記者に囲まれた渡邉氏は、「大連立の仕掛け人か」と問われて、自ら「新聞記者」という理由で取材を拒否し、歩き去ってしまったのだ。

残念ながら、プレイヤーとして政治の舞台で振る舞った以上、渡邉氏に「新聞記者」を名乗る資格がないのは確かだ。不思議なことに、彼はペンの力ではなく新聞の経営者として政治に影響を与えることを、恥じるのではなく、逆に誇ってさえいる。ジャーナリストとしての立場、目的、手段を大きく履き違えているような気がするのは筆者だけか。

だが、これはひとり渡邉氏だけの「罪」ではない。古い政治記者であるならば、誰しも少なからず当てはまる傾向だ。それを許してきた記者クラブ、とりわけ日本のメディア全体にも同様の責任があるだろう。

権力に接近しすぎると、誰しもがそこに手を出したい誘惑に駆られる。それは必然的でさえある。だが、普通のジャーナリストたちはそうした誘惑に対して、強い自制心をもって仕事に臨んでいる。なぜなら、それはジャーナリズムとは別種の仕事だからだ。

たとえば、野球やサッカーの試合中、記者やカメラマンが、突如グラウンドに降り立ち、ボールを投げたり、蹴ったりし始めたらどうであろうか。それが許されないのは、選手には選手、報道には報道、観客には観客の役割があるからだ。各々がルールを守ってスポーツは成立している。

政治も同様である。党首会談を仕掛けるのは政治家の仕事であって、断じて「新聞記者」の仕事ではない。

そもそも、一体、誰が「新聞記者」にそうした仕事を期待しているというのだろうか。選挙で選ばれる政治家と違って、国民は誰ひとり、渡邉氏に対して、そうした形で政治に関与することを求めていない。

政治家が大連立を仕掛けることは自由である。代議制民主主義の観点からも、選挙で選ばれた政治家たちには、その権利があるのだ。

だが渡邉氏は違う。「新聞記者」である渡邉氏に期待されていることは政治のプレイヤーとしてではなく、読売新聞主筆として、紙面に大連立騒動の深層や内幕を記すことである。それこそが、新聞の役割ではないのだろうか。

もちろん、渡邉氏が個人的に大連立を説くのは自由だ。その渡邉氏はまた、経営者でもある。経営の立場からすれば、自らの組織の利益のために、ときに政治に働きかける行為も悪いとは言い切れない。むしろ、組織のため、従業員のために当然の行動といえるかもしれない。

それでも、それは主筆という新聞言論を代表する肩書きを捨てた上で行うべきだ。経営と編集を峻別しないで矛盾を抱えたまま利害のぶつかる2役をこなすことなど、どだいナンセンスな話なのである。

第五節　しばり、癒着

宮内庁による「申し合わせ」要請

２００８年2月12日、宮内庁はひとつの「メモ」の案文を作成した。

〈秋篠宮ご一家に関する報道機関との申し合わせについて〉

こう題されたメモは、文字通り、宮内庁からマスコミに要請された「申し合わせ」、つまり「しばり」の要請文であった。

報道各社による「しばり」の噂は、これまでにもたびたび筆者の耳にも入ることはあった。だがこれほどまでに大胆な代物はさすがに珍しい。

「しばり」は「報道協定」の一種と考えていいだろう。日本新聞協会によればそのルールは次のようなものである。

取材・報道は自由な競争が基本である。しかし、公的機関によるレクチャーの内容が複雑で理解や分析に時間を要するもの、また補足、裏付け取材が必要で、そのまま報道すると弊害があると考えられるものなどについては「正確で質の高い報道を期す」という理由から解禁時間を設けることが実態的に行われている。

本来、報道協定と呼べるものは被害者の生命、安全に配慮して報道各社間で結ぶ誘拐報道協定、日本新聞協会が各社間協定や申し合わせとして正式に認めている叙位・叙勲・文化勲章・文化功労者などの報道に限られる。解禁時間を設定する協定は、限定的に適用すべきであって、仮にも自由な取材・報道を妨げるようなことがあってはならない。

また、記者クラブ側は取材先からの取材・報道規制につながる申し入れに応じてはならない。行政側や警察・検察なども安易にこうした申し入れをすべきでないと考える。

（「記者クラブに関する日本新聞協会編集委員会の見解」）

流出したメモ

日本のメディアの中では、こうしたルールは有名無実と化している。宮内庁記者クラブのみならず、他の記者クラブでも同様の「報道協定」は日常的に結ばれている。

むしろ、日常の取材は「報道協定」すなわち「しばり」だらけで、それがないと成立しないといった状態だと言ったほうがいいかもしれない。さらにそこに「自主規制」という悪癖が加わり、がんじがらめの中、日本の記者たちは取材活動に明け暮れているのだ。

それほどまでに窮屈な取材活動をしていて、なぜストレスがたまらないのか、筆者には一向に理解できない。縛られて喜ぶのは、一部の愛好家だけのことだと思っていたが、どうやらそうでもないらしい。日本の記者には、そうした「苦行」を好む者が意外に多いということなのだろう。

さて、そうした状況にもかかわらず、この種の「しばり」が決して表面化しないのには理由がある。なぜなら「報道協定」は通常メモという形ではなく、口頭で伝えられることがほとんどだからだ。

やはり、秘め事としての恥の観念が残っているのだろうか。証拠は残さないように、奥ゆかしく、そっと消されていくのだ。

ところが、「菊のカーテン」に守られ続けてきた宮内庁と宮内記者会（宮内庁記者クラブ）には、そうした感覚すらないようだ。われわれには不可侵な信頼関係があるのだとでも言わんばかりに、大胆不敵にこうしたメモがやりとりされている。

宮内庁内で配布されたメモが、一般国民の目に触れることは、まずない。「菊のカーテン」の隙間《すきま》から零《こぼ》れ落ちるのは極めて珍しい。

宮内庁記者クラブをめぐる悲喜劇

宮内庁職員が配布したこのメモは、メディアに対して大胆にも次のような報道規制を求めている。

趣旨
秋篠宮ご一家のお子様方に関し、両内親王殿下におかれては、ご成長に伴いそれぞれご活動の幅を広げているところであり、また悠仁《ひさひと》親王殿下には、今年9月で2歳になられることから、今後、外出の機会が徐々にお増えになるものと思われる。その際、ご一家のご活動やお子様方のご成長を国民に正しく伝える一方で、お子様方が静謐《せいひつ》な環境下で健やかにご成長をいただきたいとの思いは、国民共通の願いである。ついては、今回、宮内庁（宮務課、総務課）と報道機関相互の話し合いにより秩序ある報道体制を確立することとしてはどうか。

少々、解説が必要だろう。記者クラブの中でも、もっともジャーナリズムと縁遠いのが宮内記者会である。

そこにはフリープレスの原則など端《はな》から存在しない。徹底した横並び意識で、記者たちはあたかも自ら宮内庁の広報機関を買って出ているかのような印象を受ける。

仮に、そのうちのひとりがスクープを放ったとしたらどうなるのか。極めてシンプルな結果が待っている。厳しい叱責か、もしくは長期間の「出入り禁止」を覚悟しなければならない。場合によっては記者クラブから登録を抹消されるかもしれない。

自由な報道という概念はもとより存在せず、仕事といえば、単に宮内庁から与えられた情報をそのまま伝達するに尽きる。そうした役割に馴れてしまい、それが記者として正しい行為かそうでないのか、もはや区別がつかなくなっている。

だからこそ、その「しばり」をめぐって、宮内記者会では悲喜こもごものドラマが繰り返されてきたのだ。中でも語り草になっているのが、ワシントン・ポストによる皇太子ご成婚スクープだ。

1992年から翌93年にかけて、すべてのマスコミの目はひとりの女性外交官に注がれていた。その女性、小和田《おわだ》雅子氏は当時、皇太子徳仁《なるひと》親王の御妃の第一候補であった。

すでに、まもなくご成婚になるという話は、宮内庁記者クラブでは周知の事実であった。なぜなら、今回紹介したペーパーと同じようにすでに「報道協定」が結ばれ、事前に宮内庁担当記者たちには告知されていたからだ。しかるべき時期が来たら、宮内庁の合図の下、記者会見で発表されるという手はずが整っていた。そのため、誰ひとりスクープを取れない代わりに、逆に誰ひとり特オチ（1社だけ情報を取れないこと）をすることもなかった。そうした安心感に浸りながら、宮内庁からのゴーサインを待っていたのだ。

ところが、記者クラブのそうした和平は、ワシントン・ポストで働く東郷茂彦記者（当時）によって打ち破られた。「報道協定」に縛られない外国メディアのワシントン・ポストが、ふたりの結婚決定をスクープとして報じたのだ。

日本のメディアは面子を潰されたことになる。だがすでに後の祭りだった。

だがこうしたことがあっても「しばり」の文化は消えない。むしろ以前よりも露骨さを増していく。

「昭和天皇の下血報道」（全社協定）
「徳仁皇太子、小和田雅子氏成婚」（ワシントン・ポスト）
「雅子妃第一子懐妊（のち流産）」（朝日新聞）
「天皇陛下、皇室と朝鮮民族の関係に言及」（朝日新聞のみ）

「皇太子による『雅子妃人格否定』発言」（全社報道）
「宮内庁長官、お世継ぎ発言」（全社報道、一部協定）
「秋篠宮悠仁親王、顔面の怪我による手術」（全社自主規制）

平成に入ってからの例をざっと引いてみても、宮内庁記者クラブをめぐってはこれだけの悲喜こもごものドラマがある。しかも、これはのちに表沙汰になったものだけで、そのまま消えてなくなった「しばり」を合わせれば、もっと数多くの例があるはずだ。

天皇制は国民の税金によって支えられている。天皇皇后両陛下やその他の皇族の方々は、霞《かすみ》を食べて生きているわけではない。皇族もまた人間である以上、その生活にはおカネがかかるのだ。

そして、金額の多寡はあれど、例外なくそれらは国民の税金から拠出されている。自らの資産運用で生活の大部分を賄《まかな》っている英王室とはそこが大きく違うところだ。だからこそ、記者たちは、その税金の使途を知っておかなければならないのだ。

問題は、皇族の方々ではなく、宮内庁職員のほうにある。宮内庁職員は、あたかも当然の権利であるかのようにあらゆる情報を隠蔽《いんぺい》する。記者たちも同様だ。皇室費がいくらかなどと問うこと自体が不敬であるかのような感覚を持っている。

聞きたいことも聞けず、宮内庁からの「申し合わせ」を受動的に待つのみである。それを「報道」と呼べるのか。メモの続きを見てみよう。

申し合わせ概要　申し合わせの内容
宮内庁は、原則として、以下の機会に悠仁親王殿下もお入りになった秋篠宮家ご家族のお写真及び映像又はそれらを撮影及びペン取材する機会（以下「お写真等」という）を報道機関に提供する。
○新年
○初春（2～3月頃）
○初夏（5～6月頃）
○夏（7～8月頃）
※悠仁親王殿下お誕生日のお写真も兼ねており、例えば夏休みに取材をお受けいただいた場合には、お誕生日のお写真は特に提供しない。
○秋篠宮殿下お誕生日（11月）
その他、宮内庁として適当と思われる機会には、宮内庁は上記以外のお写真等の提供を行う。

宮内庁がなぜここまで悠仁親王に神経質になっているのか、それには理由がある。

皇室典範改正の動きがあったのは小泉政権の末期だ。側室制度がなくなり、生物学的にも、確率統計学的にも、現在の制度が今後も維持されるとしたら、天皇家の男系はいつかは途絶える可能性が強い。

そこで、小泉純一郎首相（当時）は皇統維持のために、女性天皇を認めるような皇室典範改正を目指したのだ。

ところが、反発は大きく、それはさしもの小泉首相の想像をはるかに超えたようだ。自民党のみならず、政権内からも反対の大合唱となったのだ。側近の安倍官房長官（当時）ですら、「皇室典範改正だけは止めましょう」と進言したほどだ。

悠仁親王がご誕生になったのはこうした騒動の最中である。親王の誕生によって、皇室は当面の危機を脱した。これで、現在の皇太子が天皇に即位したのち、次の皇位継承順序からすれば、秋篠宮の次が悠仁親王となる。つまり、悠仁親王は、現時点で将来の天皇になる可能性が極めて高いのである。

ちなみに、筆者は皇室に関しては批判的でない。個人的な意見を言わせてもらえば、むしろ世界に稀な伝統として残すべきだと考えている。こうした記述をするだけで、日本の場合、民族主義団体等からの攻撃を受けることがあるが、その点ははっきりさせておきたい。

国民を欺く談合

繰り返すが、問題は皇室ではなく宮内庁にある。

日本国民が敬愛する皇室を私物化しているのはまさにその宮内庁だ。メモでは、国民に知らせるにあたって当然のように「提供」という言葉を遣っているが、一体どのような権限があって、そうした言葉遣いができるのだろうか。感覚がズレているとしか言いようがない。

しかし、この程度ならばまだ序の口である。許しがたいのはその後に続く文言である。

各報道機関は、上記以外の場合の秋篠宮家のお子様方の取材及び撮影並びに映像を使った放映・報道は自粛する。

自粛という意味をどうも取り違えているようである。さらに続きを見よう。

上記に反する行為を行った報道機関に対しては、宮内庁は、当分の間、便宜供与を行わない。なお期間は、それぞれの違背行為の内容や取材の態様等を勘案し、宮内庁が定める。

これが公権力と報道機関のやりとりだと思うといやになってくる。宮内庁は言わずもがな、こうした「しばり」に対して、なぜマスコミは黙っているのか。これでは国民を欺く談合そのものではないか。日ごろ、企業や組織のそうした不正を糾弾している報道機関がこうした行為を黙認しているのが信じがたい。

だいたい「違背行為」とはなんという高慢な物言いだろうか。広辞苑によれば「違背」とは、〈命令・規則・約束などを守らず、それにそむくこと〉とある。

一体いつから記者クラブは行政の下部組織に位置し、命令を受ける立場になったのだろうか。この時代にあって、宮内庁は情報公開の重要性というものを少しも理解していないようだ。隠蔽すればそれで仕事は終わりだという態度から抜けられない。共犯関係にある記者クラブも同罪である。

旧態依然とした宮内庁の職員は、外務省、文部科学省などからの出向者で固められている。なにより、宮中に足を踏み入れられる仕事を個人的な特権と勘違いし、他者を見下すことに馴れてしまっている。

国民が親愛の情を寄せているのは皇室であるのに、自らもその一部であるかのように振る舞う。それが重なり、役人として国民に仕えている気持ちをすっかり忘れてしまっているのだろう。

だが、深刻なのは、こうした宮内庁の職員たちよりも、彼らからの「命令」に唯々諾々と従っている報道機関のほうである。

最初、宮内記者会に配属された記者たちは、こうした報道体制への疑念を持っている。だが、しばらくするとそれが諦念に変わり、次第に鈍感さが支配するようになる。そして最後には宮内庁職員と同じ位置に立ち、恬《てん》として恥じない「記者」が出来上がるのだ。

日本固有の記者クラブ制度

こうした公権力との癒着は、皇室報道だけに限ったものではない。軽重の差はあれど、日本全国のあらゆる記者クラブで共通に見られる現象だ。

驚くべきことは、権力からの圧力ではなく、報道機関自らがこうした自主規制の傘の下に進んで歩み寄っていることだ。

この日本全国に見られる現象は、世界では極めて珍しいものだ。日本固有の記者クラブ制度はわずかに韓国の一部にしか残っていない。だがその韓国ですら、署名記事の普及などにより有名無実化している。だが、これだけ希少価値があるにもかかわらず、この制度は国民にはほとんど知られていない。この際、この負のシステムを日本中に知らしめて、その是非を問うてみてはどうか。場合によっては「世界遺産」に登録申請してもいいかもしれない。世界では知名度の高いこのシステムのことだ、負の世界遺産としてはかなりの評価を受けるに違いない。

このように、実は記者クラブの是非に対する論議は敬遠され続けてきた。最大の理由は、記者クラブメディア自身が記者クラブ制度をほとんど報じないことによる。その是非に自信のある制度ならば堂々と誇ればよいものを、決して触れようとしない。

一般読者や視聴者の興味を得られないというのがその言い分だが、もちろんそれは体《てい》のよい言い訳に過ぎず、マスコミ自身の驕《おご》りでもある。

普段、ニュースはどのように作られ、読者や視聴者に届けられているのか。実体を知られると困るので、単に都合よく伏せてきたに過ぎないのだ。それが長年の習慣になっているのをいいことに、記者クラブ論議は市民権を得ることはほとんどなかった。

たとえば民主党が記者クラブを開放した時のことだ。

岡田克也代表（当時）は、それまで院内の会議室で行っていた記者会見を党本部で開くことに決めた。これによって記者クラブ以外の雑誌やフリーの記者も会見に参加できることになった。だが岡田氏のこの英断に対して既存のメディアは冷たかった。長野県知事や鎌倉市長が記者クラブを開放した時は大騒ぎして克明に報じたが、国政になると完全に口をつぐんでいる。

今日に至るまで、ただの一度も民主党が記者クラブを開放したと報じたメディアはない。よって、国民はこの事実を知らないし、驚いたことに筆者がこの話をしたほとんどの記者も、民主党の記者クラブ開放に気づいていなかったのである。

つまり論議以前の問題なのだ。

だが、海外では事情が違っている。

EUは、日本の記者クラブは情報を寡占し、非関税の貿易保護政策に当たる閉鎖的な組織だとして、毎年のように、「非難決議」を採択している。また日本外国特派員協会（FCCJ）も、30年以上前から再三にわたって相互主義に基づく、記者クラブの開放を求めて抗議を続けている。

しかし、日本のメディアがそうした動きに反応することはなく、ほとんど無視してきた。理由は、単に既得権益を手放したくないからという官僚的な考えがあるからに過ぎない。また、公平な競争では海外や雑誌メディアに敗れることが目に見えているからだ。

しかし、社会のオピニオンリーダーとしての役割を自他ともに任じながら、その裏では自らの利益にのみ執着してきた既存メディアも時代の変化には逆らえなくなってきた。いまやその自己矛盾を説明することは不可能となりつつある。そうした欺瞞は、新しいメディアツールの登場によって、いよいよ暴露され始めたからである。

メディア環境の激変に迷走

インターネットの登場によって、建前に終始していた既成メディアの論調は色褪《いろあ》せてきた。代わりに過激になりがちではあるものの、本音の議論が求められるようになってきた。

自己保身が先に立つ社説などの飾った論調は、「ブログ」や「2ちゃんねる」などの出現によって次々と正体を暴かれ、影響力を失う事態に追い込まれている。また、テレビのニュース報道番組の自主規制も、「ユーチューブ」などの登場によって、それ自体無意味なものと化している。こうしたメディア環境の変化は、既存メディアの懸命な隠蔽工作すらいとも簡単に超越しているのだ。

新聞はそうした時代の変化に乗り遅れたもっとも古い業種のひとつとなっているのかもしれない。

新聞の中でも、とくに政治部の迷走ぶりは酷い。重症であるのは、新聞の作り手である当事者が、自らの置かれた立場に一向に気づいていない、あるいは気づかないふりをしているということだ。「客観報道」の自己原則を掲げておいて、自らを客観視することができないというのはなんとも奇妙な話ではないか。

筆者のニューヨーク・タイムズ時代の上司であるハワード・フレンチ元東京支局長は、日本のメディアを指してよくこう語っていた。

「日本のマスコミは、危機に瀕《ひん》した時のダチョウそのものだ。ダチョウは自らの身に危険が訪れると、砂の中に首を突っ込んで、現実から目を背けようとする。だが、もちろん身体は地上にあるままで、身を守ることにはなっていない。現在の日本のマスコミはまさしく現実を直視せずに、砂の中に頭を突っ込んでいるに過ぎないのだ」

日本のマスコミは、砂の中のダチョウ……。

まさしく言い得て妙だ。こうした傾向は、とりわけ、福田政権になってから拍車がかかっているようだ。リベラルな朝日新聞から、保守的な産経新聞まで、論調が揃うことがたびたび起きている。別々の環境に育ってきたはずの論説記者が執筆しているのに、同じ論調ばかりというのはどうにも摩訶《まか》不思議だ。

しかし、こうした新聞の「喜劇」を笑っていられるのも今のうちかもしれない。このまま、新聞が変わらなければ、新聞ジャーナリズムは死滅し、笑う対象すらなくなってしまうかもしれないからだ。

新テロ特措法成立前、新聞は、仮に自衛隊によるインド洋での給油活動がストップすれば、日本の国際的信用力は低下する、と書いていた。

だが、現実は、艦船2隻が日本に戻ってきている間もインド洋でのオペレーションは不断に行われ、日本政府の国際的信用が低下するという事態には発展しなかった。

日銀総裁人事でも同様だ。政府の人事案を野党が蹴り、一時的に総裁が空席になる前、新聞は野党の国会対応を責めたてた。もしも中央銀行総裁が空席になったら、日本の金融市場は混乱し、国際的信頼性が損なわれる、というものだった。

結果は、もちろんそうはならなかった。ところが、自らの非を認めたくない新聞は、欧米のメディアは日銀総裁の空席によって、日本経済は打撃を被るだろうと報じている、として危機を煽《あお》ったのだ。

実際は、英誌『エコノミスト』が「ＪＡＰＡＩＮ」というテーマで書いたように、単に、日銀総裁も決められないほど日本の政治は弱体化しているというものばかり。つまり、新聞は、存在しない危機を勝手に作り出し、政府の言い分を補完する役割を自ら担ったに過ぎなかったのだ。

政府による発表に頼り切り、それを疑問にすら思わない批判精神の欠如がこうした報道を生むのだろうか。日本の新聞は、一体いつから、公権力の一部になってしまったのだろうか。

第二章　お笑い記者クラブ

第一節　笑われる日本人記者

『笑われる日本人』

かつて『笑われる日本人――ニューヨーク・タイムズが描く不可思議な日本』（ジパング編集部編）という本が出版されたことがあった。

筆者の最初の上司でもあったニューヨーク・タイムズ元東京支局長のニコラス・クリストフ氏とその妻シェリル・ウーダン特派員の日本関連報道に対して、ニューヨーク在住の日本人7人が検証・反論を加えるという内容であった。

筆者がタイムズに入った前年（1998年）に発売されたその本は、日本語版と英語版が同時に発売されたこともあって、タイムズにもある程度のインパクトはあったように思う。実際、当事者のクリストフ氏らも読んでいたようで、彼らの本棚にはしっかりその本が納まっていた。ただ、あまり気にはしていないようではあったが――。

いずれにせよ、その内容についてだが、残念ながら認めざるを得ない部分もあった。たとえば、次のような記述に関してだ。

・日本人の中には、片方の手足を同時に前に出す伝統的な「ナンバウォーク（古武術の歩き方)」で歩く者がいまだ存在する。

・日本の女性の中には、過激な性描写のレディースコミックを読み漁《あさ》って、レイプされることを望んでいる者がいる。彼女たちの一部は、電車で痴漢に遭っても無抵抗であり、その痴漢と結婚する女性もいる。

・一般的な日本人夫婦の妻は、一生涯、夫から「愛している」と言われることはない。

筆者は、クリストフ氏にこの本とこのあたりの記述について尋ねたことがある。その際に、他の記事ともあわせて、彼はこう説明した。

「私は、取材で聞いたことを書いたまでだ。それは極端な意見だと指摘する読者がいることも知っている。だがインタビューした人物がそう語ったのは紛れもない事実である。彼らの語った内容を無視することはできないし、そうするべきではない。実際、私はこの5年間、こうした市井の人々の言葉を拾うことによって日本人、それから日本という国を描こうとしてきたのだ。言うなれば、文化人類学的な手法によって、日本についての記事を書いてきた。それは記者それぞれの方法論であり、私は単に自分自身のスタイルでそう書いてきたに過ぎない」

そのタイトル『笑われる日本人』については、皮肉なことに、首肯せざるを得ない部分があるのも確かだ。まさしく、新聞・テレビ所属の日本人記者たちが、世界中から笑われているからだ。

きょうもまた、苦笑せざるを得ない恥を晒して、われこそは日本の報道機関だ、と胸を張ってFCCJ（日本外国特派員協会）にやってくる記者たちが後を絶たない。どういうことか説明しよう。

日本贔屓のクリストフ支局長が日本嫌いになるまで

世界中どこに行っても、最初に友人になるのは同じ職業の人物である。とくにビジネスの場合、当然といえば当然だが、海外で最初に接触する人物は、同業者であることが多い。

日本の皇族は、海外の王族と深い絆《きずな》を結んでいる。首脳同士も同様だ。

中曽根康弘元首相はロナルド・レーガン元米大統領と親しかったし、小泉純一郎元首相とブッシュ米大統領の蜜月関係も有名だった。海部《かいふ》俊樹元首相や森喜朗元首相などは、首脳外交時代の古い友人との関係をいまだ維持している。

議員同士でも、議員外交は盛んに行われ、結果、個別の人脈が構築されている。鈴木宗男議員のロシア、中央アジア、アフリカの政治人脈は、永田町の誰もが舌を巻くほど広く深いものである。

このように、政治家ならば政治家、外交官ならば外交官、いずれにしろ交渉相手が最初の知人ということになるだろう。また、公人でなくとも同様の傾向にある。

商社マンならば商社マン、貿易商ならば貿易商、ビジネスにおける共通認識は、人間関係を構築するための最初の「肥料」となる。

芸術家同士が、お互いに影響を与え合うという点でも同業者は友人関係を構築しやすい。ミュージシャンならばミュージシャン、映画俳優ならば映画俳優、画家ならば画家——。

国境を越えて出会う職業は、親しみを築く「養分」になるのだろうか。

世界中で取材活動を行う記者やカメラマンはその代表的な例だ。とりわけ、戦場などで取材するジャーナリストたちは、より強い同志意識で結ばれ、一般のビジネスマンよりもずっと強くその傾向が現れる。多分に、生命の危機に晒される職業にあって、自らを守るには、より多くの友人を作り、情報を仕入れることこそが先決ということなのだろう。

同様の職業として、軍人と軍人は敵でない限り、もっとも親密な関係を結ぶ可能性の高い職業だ。命懸けといえば危険な場所で活動する医者、NGOスタッフなども相互協力が不可欠であり、結果、強い交友関係を築きやすい傾向にある。

よって、同業者の間には、国境や国籍を超えた深い人間関係が構築されることが多い。

しかし、何事にも例外というものがある。何を隠そう、この法則における例外とは、他ならぬ日本人記者たち、とくに記者クラブの記者たちだ。

日本に派遣される海外メディアの記者たちは、ほぼ例外なく日本行きを希望して赴任している。

ニューヨーク・タイムズを例にとれば、世界中に派遣される約30人の海外特派員は、米国では例外なくスター記者であり、読者に対して強い影響力を持っている。その記者たちが、訪日1年ほど前から、社費で日本語スクールに通い、場合によっては日本文化を学ぶために留学もする。そして期待に胸躍らせて日本にやってくるのである。

だが、着任した彼らには驚くような現実が待っている。本来、最初に友人になるべき同業者の日本人記者たちから、予期せぬ仕打ちを受けることになるからだ。

「彼らはいつもわれわれの仕事の邪魔をしてばかりいる。彼らは本当にジャーナリストなのだろうか？　一体どういった理由でそのような行動を取ることができるのか。君も日本のメディアにいたというのならば、合理的な説明をしてほしい」

1999年7月、ニューヨーク・タイムズ東京支局でインターンとして働く直前の筆者は、ニコラス・クリストフ支局長（当時）からこう疑問を投げかけられた。

意欲的なクリストフ氏は、離日直前、「君が代・日の丸法案」を通過させようとする小渕恵三首相（当時）にインタビューすることを思いついていた。直前には『タイム』誌が特集を組んで、冷めたピザを手に持った小渕首相を表紙にして、話題になったばかりである。だが、そもそもその「冷めたピザ」という表現は、他でもないクリストフ氏が自身の記事によって初めて世間に紹介した呼称なのである。『タイム』誌の表紙を見て再び触発されたのだろうか、クリストフ氏は、首相へ単独インタビューを申し込もうと考えたのだ。

働きだしたばかりの筆者が手伝うことになった。議員秘書時代の伝《つて》を通じて、小渕事務所に申し込む。結果、首相官邸は、ニューヨーク・タイムズの単独取材を了承した。ところが、最後の最後になって、小渕事務所の秘書がこう付け加えた。

「内閣記者会にはそちら（ニューヨーク・タイムズ）から連絡し、了解を取ってほしい」

日本という国では、首相インタビューの際になぜか同業者の許可がいるということを、この時初めて認識した。それにしても不思議な習慣だ。こんな話は聞いたことがない。それに、当事者である内閣総理大臣が許可したのだから、第三者である記者クラブに伝える必要はないでしょう、と食い下がった。

だが、小渕首相側は「とにかく内閣記者会の許可がないと、後々面倒だから」の一点張りである。仕方なく、クリストフ氏にその旨説明する。

だが、繰り返し説明しても解せないようだ。それもそのはず、首相（大統領）へのインタビューを行うにあたって、事前に同業者の許可を必要とするのは、世界広しといえども日本だけである。

ジャーナリズムが時の権力に対して、報道の自由を根拠にアクセス権を行使するのはごく自然な振る舞いだ。またそうした依頼が来た時に、インタビューを受けるか、あるいは断るかは権力側の裁量に委《ゆだ》ねられている。万国共通のこのジャーナリズムのルールの中で、日本だけが違う。権力側が了解しているにもかかわらず、記者クラブという第三者、しかも、自らの仲間だと信じていた記者たちに妨害されるという事態を目《ま》の当たりにして、大抵の東京特派員は言い知れぬ疎外感を抱くようになるのだ。

それでもルールはルールということで、クリストフ氏は、日本の慣習に従って、内閣記者会へインタビュー許可申請を提出した。だが、案の定、結果は惨めなものであった。

「記者クラブ会員でもなく、オブザーバーメンバーでもないニューヨーク・タイムズの単独インタビューは認められない。インタビューをしたいのならば、記者クラブに登録申請をしてからにしてほしい」

これが、当時の記者クラブ幹事社からの正式な回答であった。

結局、帰国時期の迫っていたクリストフ氏は、首相へのインタビューを省いて記事を執筆した（"A Would-Be Anthem In Search of a Meaning" By NICHOLAS D. KRISTOF : July 15, 1999）。

「とても愚かなことだ。彼らは政府機関の人間ではないだろうに……」

こうした怒りはクリストフ氏に限らない。来日を果たした多くの特派員に共通の感情として代々引き継がれていく。こうしたことが繰り返されたのち、来日当初は日本贔屓《びいき》で、極めて好意的だったクリストフ氏の記事が、次第に厳しさを増していき、ついには離日直前のこの時期「反日記者」というレッテルを貼《は》られるほどになって、帰国の途についたのである。

ハワード・フレンチ支局長の驚き

次に訪日したハワード・フレンチ支局長（当時）はこうした記者クラブの慣習に対して、極めて挑戦的な記者であった。

ニューヨーク・タイムズ東京支局は、朝日新聞東京本社の建物の中にある。米国では特派員といえども、通勤は公共交通機関に頼る。赴任した直後、帰宅しようと社を出たフレンチ氏はふと視線に入った風景に疑問を抱き、筆者に問いかけてきた。

「朝日新聞の経営陣は、なぜみな揃いも揃ってあんなに若いのか？」

最初、フレンチ氏が何のことを話しているのか理解できなかった。しかし、どうやら黒塗りのハイヤーに乗って取材先に向かう記者たちのことを指してそう言っていることに気づいた筆者は、こう説明した。

「彼らは経営者ではない。記者だ」

フレンチ氏は驚いたような表情を見せて、さらに質問を続ける。

「そうか、それにしても朝日新聞の記者たちは金持ちが多いんだな」

フレンチ氏の大いなる勘違いは、まだ解けていないようであった。再度説明を加えた。

「あれは会社の車だ。日本では一部の記者たちはハイヤーで取材をするのだ」

それを聞いたフレンチ氏はさらに信じられないといった表情で、黒塗りのハイヤーを見つめている。筆者は、日本では「夜討ち朝駆け」という取材方法があり、朝日新聞のみならず政治部記者であるならば、大抵、取材先にはああいったハイヤーで向かうのだ、という説明を行った。だが、それでもフレンチ氏は解せないようで、こう語るのであった。

「あんなことで本当の取材ができるのか？　あれでは一般市民の目線から乖離《かいり》してしまうのではないか。政治家や経営者と同じ視線に立ってしまって、一体どんな記事が書けるというのか」


日本にいる海外メディアの記者たちは、電車やバスで移動して、その間に市井の人々と話したり、街の広告から情報を得たりと、一般の人と同じ目線で動き、考え、取材活動に活かしている。

ところが、日本のマスコミの場合、ハイヤーを使ったりしているから、政治家や経営者などと同じ目線になりがちになる。そして、次第に向こう側（権力側）の世界に入っていることに気づかなくなり、いつのまにか同化してしまう。

それが何十年も続いていくと誰もが大いなる勘違いをするようになる。ハイヤーに乗って、自分の父親くらいの運転手を顎で使っていれば、悪意はなくともじきにその環境に馴らされてしまう。結果、大組織の論理が頭を擡《もた》げてきて、ジャーナリストとしての独立性を失っていくのだ。

喜多川氏ひとりにひれ伏す日本メディア

これは、笑い話では済まされない重大な問題を孕《はら》んでいる。フレンチ氏の指摘は、国際的にみれば、実に正常な感覚からなされたものであった。だが、それが日本の記者クラブ所属の人物からすると、異端扱いされてしまう。この話をした時、ある高名な新聞記者は「システムが違うのだ」と言い切って議論を止めてしまった。

これを機に、フレンチ氏は日本の記者クラブ制度についての記事を次々と出稿し始めた。(“THE WORLD; Tired of News That Rocks the Boat? Visit Japan” By HOWARD W. FRENCH : February 6, 2000など)。

ところが、通常ならば、ニューヨーク・タイムズが日本について触れるだけで大騒ぎする新聞各紙も、この時ばかりは見事に黙殺してしまう。フレンチ氏が、自らへの批判に対してはなかったことにしてしまうという記者クラブの習性に気づいたのは、それからずっと後になってのことだった。

こうした傾向は、何も権力報道に限ったことではない。記者クラブの特性は万事に共通する。同じく東京特派員のカルビン・シムズ氏が、ジャニー喜多川氏の準強制わいせつ事件について取り上げた時の対応も、護送船団方式の記者クラブ体質を見事に象徴するものであった。

シムズ氏は、喜多川氏による未成年の少年たちへのわいせつ行為は、刑法に触れるとした記事を出稿した。(“In Japan, Tarnishing a Star Maker” By CALVIN SIMS Published : January 30, 2000)。

記事には写真が必要だ。さっそく、喜多川氏の写真を探すが、なぜか、どの新聞社も持っていないという。シムズ氏は、普段はニューヨーク・タイムズに協力的な日本のメディアが、この時ばかりは示し合わせたようにつれなくなる様子を見て、最初のうちは笑って受け止めていた。だが、共同通信が彼の写真を持っているということが判明した後の対応を知って、呆れ果ててしまう。

いつも通りに、喜多川氏の写真の購入手続きに入った瞬間、奇怪なことが起こった。共同通信は、写真は無料でいいから、クレジットは打たず、自分たちが提供したことも内緒にしておいてくれ、と懇願するのだ。シムズ氏は困惑した。

「こんなことは初めてだ。一体、彼（喜多川氏）はどれほどの男なのだ？」

皮肉なことに、こうしたことで却《かえ》ってシムズ特派員の喜多川氏への関心は高まる。だが肝心の写真のほうは、クレジットのないものは原則として掲載できない、というニューヨーク本社の規定によって、他を当たらざるを得なくなった。

話には続きがある。『噂の眞相』が喜多川氏の写真を所持していたことがわかった。相談に行くと、編集長の岡留安則《おかどめやすのり》氏が気持ちよく貸してくれた。

支局に戻る。米国の読者は、『噂の眞相』を知らないだろうと勝手に判断した筆者らは、その写真に、「日本で有名なスキャンダル月刊誌」というクレジットをつけた。

ところが、これに対して苦情をつけてきたのが、他でもないニューヨーク本社であった。出典を曖昧にするのならば、その写真は使えないというのだ。「一部週刊誌」などを多用する日本のメディアに毒されていた筆者は目の覚めるような思いであった。結局、ニューヨーク・タイムズは、(Uwasa no Shinso, Japanese monthly magazine) というクレジットを入れ直して、シムズ氏の記事とともにその写真を掲載した。

喜多川氏というひとりの男にひれ伏す日本のメディアの状況を見て、特派員たちが日本の同業者たちへの尊敬の念を失っていったのは想像に難くない。

だが、こうした状況はニューヨーク・タイムズだけに起こっているというものではない。東京に支局を開設しているほとんどすべての海外メディアの記者たちが、共通に持っている認識なのである。

第二節　メディア界のアパルトヘイト

日本外国特派員協会と日本メディア

日本外国特派員協会（ＦＣＣＪ）は、有楽町電気ビルの中にある。海外の空気を伝える独特な雰囲気の中、日本で取材する海外メディアの記者たちは、そのサロン的な役割を果たす場所に集い、たびたび開かれる重要な記者会見に参加している。

ここＦＣＣＪのボードメンバーたちの間では、もう30年以上にもわたって同じテーマでの論争が続いている。それは、日本のメディアの記者たちを、ＦＣＣＪ主催の記者会見に出席させるべきか否かという課題だ。

ジャーナリストの取材源へのアクセス権が保障されるのは、万国共通の常識である。当然ながらＦＣＣＪも、記者会見には誰でも参加できる権利を有していると考えている。

ところが、世界中で日本だけは事情が異なる。日本に赴任した直後、すべてのジャーナリストは、仲間であると信じていた日本人記者たちから仕事を妨害されているとさえ感じるようになるのだ。そこに日本に対する嫌悪感が芽生えることも少なくない。一体なぜそのような気分にさせてしまうのか。

その元凶は、繰り返すが、記者クラブの存在である。本来自由であるべき取材活動をことごとく制限されてきたこれまでの歴史に、FCCJのメンバーはじめ海外特派員の多くは、怒り呆れ果てているのだ。取材に行けば、同業者であるはずの日本人記者から参加を拒否される。それは海外の記者にとっては理解できない行為なのだ。

よって、相互主義という観点から、FCCJに殺到する記者クラブ所属の日本人記者たちを排除するのは正当な主張ではないか、という意見が出されるのも当然であった。この提案はたびたび出され、それがFCCJで長年論争になっていた。

結局、そのたびに、FCCJはいかなる人物に対しても、その取材の自由を奪う権利は所持しない、という結論を出すことになる。しかし、そこに至る議論の過程では、日本人にとって極めて恥ずかしい論争が繰り広げられていたことを、ここで明らかにしたい。そこには記者クラブへの軽蔑の感情しかない。匿名を条件にFCCJに所属したある人物の解説を紹介しよう。

「FCCJが日本人記者の参加を許すのは、結局、彼らと同じレベルに立つのはわれわれにとって建設的ではない、という一点に尽きる。世界のフリープレスの原則すら守れない日本人記者（記者クラブ所属）は、実は有楽町では、軽蔑のまなざしで見られ続けている。もちろん彼らはそんなこともつゆ知らず、毎回大挙して押し寄せては、我が物顔で取材をして去っていく。着任したばかりの特派員はみな、最初は腹立たしさを隠さない。だが、しばらくするとみな怒ることもなくなる。なぜなら、彼らはジャーナリストではない、つまり、われわれの友人ではないと考えるようになるからだ」

ＦＣＪは長年にわたって、こうした閉鎖的な記者クラブ制度の改善を求めてきた。だがいまや、そうした要望を出そうとする意欲すら消えてしまったようだ。前出の匿名の人物が語る。

「もう、日本の記者クラブという談合集団に貴重な時間を割いているヒマはないというのが正直なところだろう。ボードメンバーもそんなにヒマではないのだ。実際、日本のメディアの健全化など、私たち（外国人特派員）からすれば、まったくどうでもいいことだ。相手にして時間を無駄にしたくない。私たちには他にも取材すべき大事なことがたくさんある」

こうした声も知らずに、今日もまた、日本のマスコミの面々は我が物顔でＦＣＪを訪れている。

カメラの前を横切ったメンバーたちを睨《にら》みつける日本人写真家がいた。それだけならばまだマシだ。長身の外国人記者に対して、撮影に邪魔だからと身をかがめさせた上、その記者が我慢できずに背筋を伸ばした瞬間、ちょうどシャッターチャンスだったのだろう、怒鳴りつけたテレビクルーもいた。また、世界的にはまったく無意味な質問を繰り出して、満足げに社に戻っていった記者もいれば、質問の順番が回ってこないで司会者に悪態をつく日本人記者もいた。

こうした光景を見るたびに、筆者はいつも暗澹《あんたん》たる気分にさせられる。

おそらく、日本人記者たちは知らないのではないか。ＦＣＣＪは、会員の年会費や篤志家の寄付、さらにはボランティアスタッフの善意によって運営されていることを。フリープレスの原則があるから、相互主義によって本来は入場させたくない日本のメディアにも渋々開放していることを……。プレスの相互主義はどうしたのか？

こうした現状に対しての、日本新聞協会の反論はこうである。

外国の報道機関については、すでに多くの記者クラブに加盟している実績があり「閉鎖的」との批判には当たらないと考える。外国報道機関の加盟基準としては、（１）外務省発行の外国記者証を保有する記者（２）日本新聞協会加盟社と同様の、またはそれに準ずる報道業務を営む外国報道機関の記者――の２条件を満たしていることが望ましい。

２００２年、日本新聞協会は、さすがにこうした声に配慮してか、その閉鎖的な体質を改めるように国内の記者クラブに注意を促した。１９９７年の見解に基づいて、オブザーバー参加できる外国人記者の数を増やしたりするよう求めたりしている。

にもかかわらず、記者クラブの閉鎖性は少しも変わらない。海外の記者で、現在の日本の記者クラブ制度について、納得している者は皆無だろう。世界のジャーナリズム界に「kisya club」の悪名はそれほど根付いているのだ。

外国人記者やフリー記者を阻む堅固な壁

「あなたは記者クラブに入れるの？」

2007年夏の参院選、特派員協会で各党党首による連続講演が開かれた時のことだ。当日のゲストスピーカーは新党日本の田中康夫代表。講演前、たまたま筆者の隣に座った欧州の経済紙記者がこう尋ねてきた。

「本当なの？　噂は本当なのね？」

彼女は日本に着任して2週間だという。日本に留学していたこともあるが、記者として働いたのは今回が初めてだ。日本について事前に調べていた際、「記者クラブ制度」を知ったという。欧州でも、極めて評判の悪いシステムとして有名で、欧州委員会では改善のための決議が何度も採択されているという。しかし一向に改善されていないため、問題視され続けているとも語った。

「なぜ、あなたがた日本人ジャーナリストが、力を合わせてその壁を打ち破ろうとしないの？」

田中氏の講演そっちのけでヒソヒソ話を続ける。だが、筆者には、彼女の真摯《しんし》な疑問に答える気力はすでに残されていなかった。

これまで何人ものジャーナリストたちがその厚い壁をこじ開けようと努力してきた。だが、誰ひとり成功していない。

実は、記者クラブに対しては、海外のメディアよりもさらに立場の弱いのが日本人のフリーランス・ジャーナリストだ。筆者も含むフリーランスがその立場のまま、内閣記者会主催の記者会見に出席するなどということは、今の日本にあって至難の業である。むしろ外国人記者が参加するハードルのほうがずっと低いくらいだ。

フリーランスとして会見の席に座るには幾重もの障害が待ち受けている。仮に、いざ、そのチャンスを獲得できたとしても、それだけで多大な労力を使い切ってしまい、肝心の記者会見どころではなくなってしまうだろう。

たとえば、毎日行われている福田康夫首相のぶら下がり会見に出席するためには、首相官邸に入らなければならない。

2008年の通常国会では一度だけ筆者もぶら下がり会見に参加できたことがある。しかし、それは例外中の例外である。なぜならガソリン税の期限切れに伴う衆議院内での緊急会見だったからだ。つまり国会内であるならば、通行証を利用して忍び込めないこともないのだ。

だが官邸は違う。筆者が申請しても、まったく許可されない。ジャーナリストとしていくつもの仕事を成してきた立花隆氏や櫻井よしこ氏などが申し込んでも、同様に門前払いを食らうだけの話だ。

ところが一度も政治取材をしたことのないような新米政治記者でも、日本の報道機関に属しているというだけで首相官邸に自由に入れ、内閣総理大臣に質問できるのだ。これは非常に不思議な制度ではないか。

確かに、記者クラブ制度を批判してきたと自称しているジャーナリストの筑紫哲也氏が、森喜朗首相（当時）の記者会見に出席した例もある。

だが、それはＴＢＳの枠内で、内閣記者会の一員として入ったものであり、フリーランスとしての立場ではない。

筆者も、ニューヨーク・タイムズ時代には外国人記者証（！）を所持していたため、その時々の記者会見に、質問権のないオブザーバーとして参加していた。

だが、それ以降、フリーランスとして独立してからは、記者クラブを批判している立場上、敢えて記者証を所持せずにいるため（日本雑誌協会発行分も含む）、ただの一度も「記者」として官邸での記者会見に出席できたためしがない。

すべての取材は先述したようにゲリラ的に取材をしているのである。だが、その方法でも首相官邸には入れず、また、自民党内での取材も困難を極める。

たとえば、中川昭一政調会長（当時）の記者会見が、自民党本部で開かれた時もそうだった。

その日、平河クラブ（自民党記者クラブ）で会見を行うという情報を聞きつけて、筆者は自民党本部に向かった。別の議員との面会予約を取り、終わった直後その足で本部4階の記者会見場に忍び込んだ。仮に正式に申し込んで参加したとしても、しょせん質問権はない。それならば、ということで黙ってもぐり込むことにしたのだ。核保有発言で追及されている中川氏に直接、質問を浴びせるためである。

「フリーランスの上杉と申しますが、政調会長の核保有発言に関して……」

質疑応答が終わった直後である。平河クラブの幹事社と自民党広報のスタッフが近づいてきて、いきなりこう言ったのである。

「困ります。断じて困ります。許可はどうしたんですか？　名刺を出しなさい」

高圧的な態度に少しばかり腹を立てながら、素直に名刺を差し出すとこう続けた。

「所属はどこですか？　会社の名刺は？」

筆者が、自分はフリーランスで所属はない、と言うと、たぶんに笑みを含みながらこう語ったのだ。

「不法侵入だな、あんた」

ニューヨーク・タイムズ時代、小泉純一郎首相秘書官の飯島勲氏に相談したことがある。内閣記者会主催の記者会見を官邸主催にしてもらえないか。そうすれば、みな公平にアクセス権を確保できると。だが内閣記者会のシステムの抜本改革を目指していたさすがの飯島氏でもそれは難しいようだった。

結局、「2社の推薦を取って、普通に申請してもらうしかない」というのが当時の飯島氏と官邸側の返答であった。

そこで、ニューヨーク・タイムズとして一度申請を試みたことがある。取ろうと思えば2社の推薦は取れる。だが、そんな身勝手なルールに従う理由はひとつもない。当時の支局長と相談して、堂々と申請事由のみを添えて、官邸記者クラブの幹事社の元に届けた。事由の詳細な文言は失念してしまったが、だいたい次のような内容であったと記憶している。

——日本の記者クラブは、FCCJなどで海外メディアの恩恵を被っている以上、特派員たちが望んだ時は、官邸記者クラブでも同じ条件で遇するべきだ。さらに海外で、とくに米国で、日本のプレスが取材する際に、米メディアが権力へのアクセス権を妨害したことは一切ないという事実からも同等の権利を与えてしかるべきだ。よって相互主義の立場からも、ニューヨーク・タイムズ他、海外メディアの記者会見への通常参加を認めるべきだ——。

一部の海外メディアは、オブザーバーという形で記者クラブ主催の記者会見への出席が認められている。ニューヨーク・タイムズもそうだった。だが重要な会見になると、外国人記者証では入れない、あるいは日本人記者とは別の記者会見のみ出席できるということがたびたび続いていた。つまり有名無実化していたのである。

また、仮に記者クラブに入会できたとしても、そのメンバーであることを維持できるのは、通信社など人員的に余裕のあるメディアに限られた。なぜなら内閣記者会はスタッフの常駐を条件として求めてきたからだ。このような世界遺産に申請してもおかしくない珍しいシステムを採用しているのは日本だけである。

そのため、ロイター、AP、ブルームバーグなどの通信社以外の海外の報道機関は、いまだ以前と同じように記者クラブの外からテレビやインターネット放送などで会見を傍聴するのみなのである。

非「記者クラブ」ジャーナリストたちの責任

こうした記者クラブの閉鎖性を打ち破ろうとする試みが過去になかったわけではない。このメディア界の「アパルトヘイト」ともいうべき制度ができた直後から、健全な記者の中には、疑問の声を上げる者も少なからずいた。

だが、難しいのは日本新聞協会を中心として、そのシステムに馴れてしまった者たちが、まさしく既得権益を死守しようと踏ん張っているため、なかなか門戸は開放されないのだ。逆に、メディア統制を強めたい政治家の中には廃止論を唱える勢力もあり、いずれにせよ、当事者も参画した冷静な議論を開始するには至っていない。

実は記者クラブが現在まで続いてきたのには、非記者クラブのジャーナリストたちにも責任の一端があるといえよう。

フリーランスや雑誌記者の記事といえども、実はそうした記者クラブメディアの情報によって成り立っている部分が少なからずあるのだ。たとえば雑誌の政治記事の多くは彼らの未使用の情報、換言すれば、「お零れ」にあずかっているのは紛れもない事実なのである。つまり、ある意味で、持ちつ持たれつの関係にあるのだ。

評論家の立花隆氏が、「田中金脈追及」を『文藝春秋』誌で大々的に行えたのも、実は記者クラブがあったからこそだった。仮に、記者クラブ制度がなかったら、とうの昔にその件は記事化されていたことだろう。新聞が書けない、あるいは書いたとしても多くは触れられない部分にこそ、雑誌ジャーナリズムの活躍場所があるのかもしれない。

また、田中角栄にまつわる情報の多くも、実は記者クラブ所属の新聞記者などから寄せられたデータ原稿や発行済みの新聞記事に多く含まれ、まったく立花氏（というよりも彼のチーム）だけで純粋に情報を集めたものではなかったこともその論を補完している。その点は、立花氏自身も遠慮がちではあるが認めている。

それは、過去にさかのぼって丹念に事実を洗い上げていくという作業の集積であった。そのかなりの部分が新聞ですでに公表されていた事実であった（ただし、ここで念のためにいっておくと、当時田中サイドの人々がいっていた「新しい事実は何もないじゃないか、全部昔いわれたことをほじくりかえしただけだ」という評言は事実に反する。相当の部分は、新しく取材されはじめて世に公表されたことでもあった）。そのときどきではよく見えなかったことが見えてくるようになる。歴史の中ではじめて浮かびあがってくる構図というものがある。「角栄研究」の着眼点はここにあった。

（中略）

私がジャーナリズムの世界に最初に足を踏み入れたのは、週刊誌の記者としてである。週刊誌の記事の最大のネタ元は新聞である。新聞以外からのネタも結構あるが、比率からいくと、新聞ダネから出発することが圧倒的に多い。大きな記事はもちろん、小さなベタ記事や、解説記事の中のほんの数行の部分といったところからよくネタを拾うことができる。

（立花隆著『アメリカジャーナリズム報告』文春文庫）

角栄研究は1970年代前半の仕事だが、35年近く経った現在でも、立花氏の指摘した記者クラブと雑誌メディアの関係は基本的に変化していない。

筆者のこれまでの原稿も、記者クラブ所属記者の情報がゼロかと問われれば、それは否定せざるを得ない。記事の一部、あるいはその多くは彼らの情報によって成り立っているのは確かだ。だからというわけではないが、筆者は彼らの仕事を全否定したことはない。確かに自主規制を覚えた日本の記者たちは、次第に骨抜きにされていく。そして無力感を覚えて、危ない橋を渡らないという官僚的な無謬《むびゅう》主義の悪弊に陥っていくのだ。だが、それを諒《りょう》としない者たちもいる。一部の気骨のある記者たちの中には、どうにかして情報を伝えようと、別のルートを考える者もいる。

彼らの多くは自主規制の酷い新聞・通信・テレビなどの自社媒体ではなく、雑誌メディアなどに情報を流すようになる。もしくは、匿名で記事を書くことによってストレスを発散させることになる。こうして持ちつ持たれつの関係が出来上がってしまうのだ。

しかし、これは不健全な状態ではないだろうか。

新聞も雑誌も、もうこの種の「談合」を止めるべき時期に来ている。お互い同じ土俵に立って、切磋《せっさ》琢磨《たくま》すべき時代が到来したのだ。

「アルバイト原稿」を書いている新聞記者も、いまや堂々と署名入りで書くべき時期なのだ。

他の媒体で知り得た情報を、匿名でもって別のメディアに書くという行為は、取材対象者への裏切りに他ならない。

海外特派員の多くも、記者クラブを廃止しろと言っているのではなく、単に開放しろと主張しているに過ぎない。にもかかわらず、記者クラブ側が既得権益を守るためだろうか、話を摩《す》り替えて、「記者クラブをなくしてしまえば、権力を監視する機関がなくなってしまう」と頓《とん》珍漢《ちんかん》な詭弁《きべん》を弄《ろう》しているのだ。

会社員かジャーナリストか

既得権益を守ろうとするのは決まってメディア界の上層部であるし、そうした不健全な制度を維持してきたのもまた彼らなのである。

現場の個々の記者たちは、むしろ上司から束縛されて自由な取材ができず、倦《う》んでいる。だが、そうした現実に反発することはできない。しょせん彼らも会社員であるからだ。

ここが日本とそれ以外の国のジャーナリストとの大きな違いだ。

たとえば米国のメディアで働く者は、報道機関の社員である前に、ひとりのジャーナリストであるという考え方が強い。

そのため、自らの信じるところと会社の方針が異なった場合は遠慮なく衝突している。自らの意見を述べ、心ゆくまで論争し、上司に食らいつく。その上で、自らを納得させて会社に残るか、あるいは納得できずに別の道を歩むことになるかという選択を行うだけの話である。こうしたことはごく当たり前に起こっている。

ところが日本の場合はまったく逆だ。上司とぶつからないように、仮にぶつかったとしても、深夜に同僚と集まって憂さを晴らすか、言いたいことを心にためて人事異動の時期までじっと我慢するかのどちらかだ。衝突の末、会社を去るまでに至るのはごく稀である。

本田靖春氏はかつて読売新聞社会部のエース記者であった。1964年、輸血による肝炎ウイルスの蔓延を暴いた「黄色い血」キャンペーンなどで名を馳《は》せ、退社後『不当逮捕』などの作品を世に残したジャーナリストだ。

その本田氏の武勇談として、たびたび自らの著作でも触れているのが「読売新聞に抗議して辞職した」という「勲章」だ。

本田氏の素晴らしい作品群にケチをつけるつもりはない。だが、自らの辞職理由をネタにすることだけはどうだろうか。それは海外では決してジャーナリズムの仕事にはならない。言っては悪いが、それは日本だけで通用する愚痴の一種だ。

そもそもそんなことがネタになるのならば、いくつものメディアを移籍することが当然の世界のジャーナリストたちの著作は、そうした「勲章」だらけになってしまう。実際は、そうした内容のものを書いたとしてもまったく評価の対象とはならないであろう。それはメモワールかエッセイとして書かれなければならない。

読売新聞を題材に扱うのは問題ない。だが、それは改めて取材者として取材し、他のメディアと同じように報じるというジャーナリズムの当然の姿勢が不可欠なのだ。ちなみに筆者はNHKについての記事を何本も書いてきたが、NHK時代の知己を情報源としたことは一度もない。すべて、新たなソースから聞いた証言を元に執筆している。さもないと、NHKのくだらない犯人捜しで無関係の人物に迷惑をかけることになるし、また、自分自身のジャーナリストとしての姿勢も安易なものになってしまうと判断したからだ。

本田氏の正力松太郎への恨みはよくわかる。だがそれは、元読売社員として持つべき感情であって、ジャーナリストの仕事としては一線を画すべきだ。そのあたりの峻別は日本の記者たちの間ではあまり理解されていないように思う。

かくいう筆者もかつて所属した組織について触れないわけではない。いやむしろ富士屋ホテル、日本放送協会、鳩山邦夫事務所、そして今回こうやってニューヨーク・タイムズなどについて、頻繁に触れている。その点では、筆者もエラそうなことを言えた義理ではないのは十分承知している。

だが、それらは決して無条件に書かれているわけではない。かつて所属した組織を描くためには、いくつかのルールを自らに課している。それは、筆者個人の組織に対する感情は文章に持ち込まない、組織に属した際に抱いた個人的感情はすべて排除してから執筆するというものだ。いわばジャーナリズムの当然のルールに則《のっと》っているということだ。それはデイビッド・ハルバースタム氏が『メディアの権力』を書いた時のルールに準じている。彼はCBS、ワシントン・ポストなどについては詳細に記述し、かつ多くのページを割いたが、所属していたニューヨーク・タイムズに関しては、わずかしか記さなかった。それは、客観性を保つのが難しいという理由の他にも、ジャーナリストとしての誇りを失いたくなかったからと、のちのインタビューで語っている。

健全な政治家、不健全なメディア

ニューヨーク・タイムズ時代、永田町の取材をするにあたって、こう注意されたことがある。

「すでに知っていることでも、相手に不利なことであるならば、必ず取材しろ。繰り返し聞け」

この原則に基づいて、たとえば鳩山邦夫法務大臣の記事を書くにあたっても、逐一取材依頼を行っている。

「そんなこと、君、知っているだろう」

鳩山大臣からはたびたびこう言われるが、秘書時代に知り得たことでも、改めて質問している。そうしないとルールがなし崩しになってしまうからだ。

ときに鳩山法務大臣とは、何度も衝突し、繰り返しの「出入り禁止」を食らっているほどだ。だが、しばらくすれば解除される。ある意味、健全な緊張関係にあるといっていいと思う。

そういえば多くの政治家はその点で物わかりがいい。日ごろ国会で面と向かって野党議員から罵倒されたり、野次られたりしているからだろうか、あるいはマスコミからの攻撃に馴れているからだろうか、実は、批判をされても、しばらくすればまた、自ら握手をしてくるような政治家は少なくない。

意外かもしれないが、マスコミと喧嘩ばかりしているように映る石原慎太郎都知事もそうである。

「批判はいい。ただ侮辱はするなよ」

2001年、筆者は自らの書いた記事について、石原事務所から猛烈な抗議を受けていた。その後、再びインタビューの機会があった。冒頭、前回書いた記事について話が及んだ時、石原都知事が言った言葉がこれである。

それでその話は終わった。忙しい政治家はメディアの批判をいちいち相手にしていられないということだったのかもしれない。

これらと比して、むしろいつまでも執拗《しつよう》に後を引くのはメディアのほうだ。同じ2001年以来、筆者は、NHKについては永久に「出入り禁止」になっている。

それにしても、一度でもNHKを批判したら取材をさせないというのはまったく理解に苦しむ。NHKはその論理を自ら突きつけられたらどうするのか。自らも取材活動をしながら、批判されたと言って取材を禁止するなど、絶対に報道機関のやるべきことではない。

というのも、その種の批判は許さないという姿勢は、今現在、NHK自らが裁判で闘っている「期待権」を逆に肯定することに繋がるのではないかと心配だからである。

また、このようなNHK本体の姿勢が、批判を避け、論争を極度に恐れる記者たちを大量に生み出す背景になっているのかもしれない。自主規制の精神が蔓延しているのは記者個人のパーソナリティだけが理由ではないような気がする。

そうした記者クラブの根本的な構造に、データを駆使して斬《き》り込んだのがジャーナリストの岩瀬達哉氏だ。岩瀬氏はそれまでのような「論」による記者クラブ批判を行わず、カネというファクト（事実）を突きつけて、記者クラブの公権力との癒着ぶりを追及したのだ。

日本の記者クラブは、ギルド的に自分たちの仲間は守るが、外部は排除して既得権益を独占し続けてきている。岩瀬氏はその著書『新聞が面白くない理由』（講談社）の中で、その談合体質を暴くため、光熱費、通信費、スペース使用料を都道府県が支払っているという事実を調べあげた。いつも役所のデータに頼っている記者クラブは、皮肉なことに、データに弱い。屁理屈《へりくつ》で抗し切れず惨敗となったのだ。それを受けて各都道府県の記者クラブは大きく変わった。

記者クラブにとってこれは極めて衝撃的なキャンペーンだったようだ。当時、都庁記者クラブに所属した新聞記者のひとりが語る。

「岩瀬達哉は、それまでノーマークだった都庁記者クラブの経費について、批判キャンペーンを始めた。岩瀬は、都庁記者クラブの1社あたりの光熱費、コピー代、そして賃貸料が新宿で同程度の広さならばいくらくらいになるという点まで突いてきた。講談社から質問状が送られてきた時、都庁記者クラブで判断できず、各社本社に対応を投げた。それほど痛いところを突かれたのだ」

これ以降、日本中の記者クラブは無料だったスペース使用料や光熱費を払うようになった。そうした費用は、税金から拠出されているのだから当然の結果なのだが、90年代までそんな簡単なことすらできていなかったのである。

第三章　ジャーナリストの誇りと責任

第一節　署名記事

秘書経験のせいで不採用

ニューヨーク・タイムズでインターンとして働き始めて1カ月後、正式に「契約」を交わすことになった。タイムズが筆者を雇う気になった理由はいまだによくわからない。ただ、インターンから採用になる過程は、いかにも米国的で、日本のメディアに馴れていた筆者にとっては極めて新鮮であった。

ニューヨーク・タイムズなど米国の新聞社には決まった形の採用方法はない。日本のように新卒、あるいは一定の経験を持つ中途の入社希望者が、試験や面接を経て採用というものではない。「契約」の名の通り、労働者側のやる気と使用者側の狙い、つまり双方の利害が一致さえすれば文字通り「契約」の末、採用になるのである。

そういった意味では筆者がニューヨーク・タイムズで働き始めたきっかけもまた、海外では当然の採用ルートであった。

1999年8月15日、靖国神社での取材を終えたのち、筆者は突然、支局長に呼び出された。

場所は日比谷の帝国ホテル。なにやら不穏な雰囲気である。

実はその前の週、筆者はヘッドハンティング会社「イースト・ウェスト」からの依頼があり、面接を受けたばかりだった。無給のインターンとして一生を過ごすわけにはいかない。前職時代の貯金もすぐに底をつくだろう。というわけでインターン期間終了後のために別の就職先を探している矢先のことだったのだ。そうした時期に声がかかったものだから、てっきりどこか新しい会社から採用の打診があったものだとばかり思い込んで出掛けていったのを覚えている。

しかし、その人材バンクの担当者がいくつか挙げてきた報道機関は、どれも自らの希望に沿うものではなく、また数カ月後の再就職という条件を満たすものでもなかった。

そこで私は、「たとえ貯金が底をつこうが、ただちに現在の仕事を辞めるつもりはない。当代一流のニューヨーク・タイムズの記者たちの中で働くことで、米国ジャーナリズムを学ぶ最高の場となっている。こうした刺激的な日々を自ら放棄するのはいかにも口惜しい。だから、その期限まではニューヨーク・タイムズのインターンとして居続けようと思う」と伝え、その場を辞したのだった。

そのわずか数日後の支局長からの呼び出しである。「イースト・ウェスト」の社員はFCCJ（日本外国特派員協会）にも始終顔を出し、海外メディアの記者たちとも懇意であった。おそらく支局長とも連絡を取っているのだろう。そういった様子を知っていたからこそ、呼び出しの際には、「すぐにインターンを辞めて、他社に就職したほうがいい」と支局長から勧められるのだ、とばかり思っていた。だからか、気の進まない重い足取りで帝国ホテルに向かったものだ。

ところが結果はまったく逆であった。到着するや、支局長は笑いながら採用の意思を告げたのである。もちろん反対する理由はない。私は「契約」に同意した。

思えば、採用理由もまた日本のメディアのそれと正反対であった。

1999年春、議員秘書を辞めようと決意した直後、私はマスコミに的を絞って就職活動を始めた。ところがどのメディアも中途採用の条件に合致しないといって埒《らち》が明かない。当時の新聞社の中途採用の条件は、大抵が5年以上の取材編集経験と明記されていたのだ。

私は、鳩山事務所では5年近く働いていたが、NHKではそれには及ばないわずか2年のみだ。仕方なく数年ぶりにマスコミ就職用の時事問題集を購入し、数年ぶりに新卒学生と一緒に筆記試験を受け、面接に臨んだ。そのうち、最終面接まで残ったのは朝日新聞と北海道新聞の2社だけ。ところが奇《く》しくもその2社の最終面接では、同じようなことを言われた。

「あなたには鳩山という政治家の色がついている。やはり記者となれば公平中立でなければならない。一度でも政治家の秘書を経験している人物を雇うとなるとそれは正直難しいのだ。別の職業を選ぶことをお勧めします」

私は食い下がった。政治家秘書だからこそ永田町のルールは熟知している。是非とも政治部記者として取材し記事を書いてみたい。それに、一宿一飯の世話になった鳩山代議士に対しては当然ながら恩義はあり、それは一生忘れないと思う。しかしながら、一旦辞めた以上は、忠誠心のようなものは持たないつもりだ。よって十分に公平中立でいられる――。

「しかし、そうは言ってもね、そこまで色がついているとね」

結果、両社とも不採用になった。

日本の新聞は色を嫌う。どちらかといえば、即戦力よりも無色透明な人材を求める傾向にある。採用後、長い時間をかけてひとりの記者を育てるための研修期間もある。朝日なら朝日、読売なら読売、そうした自社色に染めることが正しいという感覚が疑いもなく受け入れられてきた。それが新卒大学生の大量採用という結果に繋がったと見ることができるだろう。

だが、時代環境はそうしたことを許さなくなった。だからだろうか、各社とも最近になってようやく中途採用の数も増やしたようだ。それでも同業他社からの転職組が圧倒的に多く、他業種からの採用はまだまだ稀である。

余談だが、新聞社の新卒採用については、筆者の学生時代にはひとつの「伝説」がまことしやかに流れていた。それはジャーナリズム学科や新聞学科の学生は、マスコミ就職に不利に働くという不思議な噂であった。実際にメディアで働きだして、そうした「伝説」の一部が紛れもない事実であったことを知る。現在、面接担当でもあるNHK記者のひとりがこう語る。

「下手にジャーナリズム論などを齧《かじ》っていると記者として育たなくなる。志高く、理想に燃えている学生に限って、サツ回りでもやらせれば一発でアウトだ。学生時代に学んだジャーナリズムの理想と、社会部記者として実際に働く現実の差が大きければ大きいほどダメになるのが早い。しばらくすると『思っていた仕事と違いました。ボク、ワタシ辞めます』でおしまい。そうなると人事担当者の責任にも及ぶ。だから、頭でっかちなマスコミ学科の学生ではなくて、あまり深く考えていないような体育会系の学生を採用したがるのだろう。それは採用担当をやってみればよくわかる」

まったくもって本末転倒のようだが、これが日本の記者採用の現実なのだ。

こうして日本のメディアには無色透明、というよりも、上意下達、余計なことは考えず、決してルール破りなどしない体育会系優等生が揃うことになる。

これでは公権力などの取材対象への健全な懐疑主義など望むべくもない。おとなしく上司の意向に従い、どこまでも政府の作った規則を守り続けて日々の生活を送る、そうした「優秀な」記者クラブの記者たちが大量生産されるだけの話である。

上杉君はどの政治家の推薦状を出したの？

ところがこうした無色透明な学生を求めていると言っている割には、もっとも濃い色の学生たちも大量採用しているのがテレビ局である。さすがに新聞社にはほとんどいないが、テレビは違う。どの局内も、「歩けば政治家の子女に当たる」といわれるほど異常な率で「政治銘柄」の学生が採用されているのだ。NHKもその例から漏れない。

かつて、NHK記者採用内定後の研修の後、筆者は先輩記者のひとりに冗談まじりに次のように言われたものだ。

「わが社（NHK）で記者職に合格した者は次のように分類できる。まず3割は実力だ。もう3割はコネだ。あと3割が運だ。そして残りの1割の合格者が間違いだ。お前はその1割の中の1割、つまり間違い中の間違いというわけだな（笑）」

実感としても、異常な率の学生が何らかのコネでもってNHKに採用されているというのはわからなくもない。それは内定直後のことであった。

マスコミ就職試験というのは、案外、見かけの倍率が高いだけで難しいものではない。筆記試験を通過すると、どの社でもいつも同じ顔ぶれが揃い、同じように面接に残っていく。つまり、3000人、4000人といった記念受験組を含んだ就職希望者数は、実際の倍率よりもはるかに多いのだ。

そうした事情があるから、面接会場では受験生同士、繰り返し顔を合わせることになる。自然に声をかけ合うようになる者もいれば、中には情報を交換しながら、より親しい関係を築いていく者もいる。そうやって親しくなった者同士が同じ会社に入ったらなおさらだ。

筆者もＮＨＫ内定直後の身体検査の際、親しくなった複数の記者職内定者から、次のように尋ねられた。

「上杉君はどの政治家の推薦状を出したの？」

筆記試験後の面接会場で政治家の推薦状を持参していた受験者が何人か存在していたのは知っていた。だが、そうした学生たちはてっきり落とされるものだとばかり思っていた。

なぜなら、ＮＨＫといえども報道機関である（と当時は思っていた）。しかも、将来は、記者として報道に携わろうとしている記者職志望者である。そうした学生が、入社試験で堂々と政治家の推薦状を持ってくるなど、絶対に逆効果になると信じていたからだ。

ところが、それは筆者の勘違いであった。ＮＨＫには実に多くの「政治銘柄」記者が存在している。

ＮＨＫ面接当時、ある者は中曽根康弘元首相の推薦状を持ってきていた。またある者は橋本龍太郎大蔵大臣の推薦状を誇っていた。そしてまたある者は５人の政治家の推薦状を集めたと豪語していた。そして、実際にそのうちのひとりは、筆者に毛筆でしたためられた政治家の推薦状を見せながら優越感に浸っていた。

なんと滑稽なことだろう。仮にコネで入社したとしても、それは誇るべきことではなく、恥ずべきことではないか。一般企業ならばまだしも、まがりなりにもＮＨＫは報道機関ではなかったのか。かつて森喜朗元首相が産経新聞にコネで入社したのを誇っていたことがあったが、それは遠い昔の話だと思っていた。すでに時代は変わっている。しかし目の前の状況に筆者は期せずしてＮＨＫと政治の距離を知ることになり、心の底から落胆してしまった。

実は放送法に縛られたＮＨＫほど酷くはないが、日本の新聞も似たような体質を持っている。新聞の政治への過敏ともいえる気の遣いようは、逆の意味で、不偏不党に固執する素地を作り出している。政治との距離感を保つ術《すべ》を知らないので、近づかないという結論に達しているとしか思えない。

「色がついている」という理由での筆者への採用拒否もそうだが、腰の引けた公平中立論も同様だ。恐れる必要のない権力を恐れるあまり、無駄な距離を確保し、安全地帯に逃げ込んでいる。ＮＨＫとは逆の意味で政治との距離感が問題なのが新聞なのである。

帝国ホテルでの支局長との会話の中で、筆者は正直にこれまでの敗北続きの情けない就職活動の状況を告白した。

「本当に私を採用していいのか？　日本のメディアからは『色がついている』として2社からダメだと断られた人物だぞ」

それに対して支局長はこう言い切った。

「何を言ってるんだ、ニューヨーク・タイムズは、色がついているから君を採用するんだ。君は少なくとも5年間も政治のインナーサークルにいた人物だ。だからこそそれなりの人脈もあるのだろう。何かあった時にその人脈を頼って話を聞くことができる。また、それでわからなくても、少なくとも押すべきボタンを知っている。このボタンを押せばここから引き出しが開くとか、さまざまな方法を5年間の経験で得られたはずだろう。それでも、どうしてもわからなかったら、昔の友人に聞くこともできる。そういう人物だからこそ君を採用したいんだ。もし、君が色のついていない新卒だったら、ニューヨーク・タイムズは一切興味を持たない」

働きだしてわかったことだが、ニューヨーク・タイムズなど米国のメディアにはほとんど新卒がいない。米国の新聞ではそれが普通だ。ある記者はNASAに関係している会社から、ある記者はアフリカ専門の大学教授だった。また別の記者は、銀行から引き抜かれている。みんなそれぞれ専門分野があるからこそ詳しい記事が書ける。

「新卒なんて何も知らないから、誰も採らない、社会勉強をしてから門を叩け」というのが米国の新聞社の流儀なのかもしれない。

それぞれの業界のスペシャリストが集まれば、少なくとも大学を卒業したばかりの記者よりは、情報を集めることは容易《たやす》い。人脈もあれば、社会経験もあるので、即戦力になり得る。意外に思うかもしれないが、ジャーナリストとしての訓練など実は簡単なものだ。

引用には「クレジット」を打つとか、基本中の基本は日々の仕事の中で体得できる。そもそも日本では「新聞記者（ジャーナリスト）は立派な職業」という印象が残っているが、本当に頭脳明晰《めいせき》で立派ならば、マスコミなどで働かず、学者か何かになればいいはずだ。

また、日本では記者訓練がどうのこうのと言うが、元々はわからないことがいっぱいあるからこそ、ジャーナリストをやっているわけだ。取材をしているのも無知だからこそそうしている。「ジャーナリスト」というと、すべて知っている優秀な人物という歪《ゆが》んだ認識があるのは日本だけだ。

自ら名乗って記事の責任を負う

さて本題に戻って、「契約」の話である。ニューヨーク・タイムズ東京支局では、私は最初の「契約」後、1年ごとに更改していた。そのたびにさまざまな条件を付けたり、あるいは削ったりしていた。

米国ではジャーナリストが新聞社で働く場合、筆者と同じように「契約」に基づいて労働条件などが決められる。それは個人によって大きく異なり、また内容は細部にまでわたり、ちょうど大リーグ（ＭＬＢ）での球団と選手における契約と同じようなものだと言ったほうがわかりやすいかもしれない。

たとえばスター記者との契約ならば、新聞社は年収１００万ドルの最低保証と付帯事項を付けて契約に臨むこともある。

ニューヨーク・タイムズのある特派員を例にとろう。彼のある年の契約は次のようなものであった。東京での住まい、東京・広尾の一等地に鉄筋コンクリート2階建て、駐車場付きの一軒家。仮に家族を米国に残して、単身赴任になる場合は帰省用の往復航空チケットを年間数往復分、ファーストクラスを何枚、ビジネスクラスを何枚といったような部分まで決められていた。また、子どもが病気になった際の休業規定、自著を執筆するための有給休暇制度などもある。とくに驚くのはその自著執筆のための条件だ。期間は数カ月間、ときには休みが1年にも及ぶ記者もいる。その間は、フリーランスとして働くこともできる。しかも日本の新聞社がしばりをかけるのと違って、どこの出版社から本を出そうと構わない。さらに、その印税は全額が著者のものとなる。

なぜ米国最高峰ともいわれる新聞社のニューヨーク・タイムズで働きながら、休む必要があるのか不思議に思っていたら、日本人スタッフのひとりがこう説明してくれた。

「ニューヨーク・タイムズで記事を書けるということは、米国ジャーナリズムではひとつのステータスであるのは確かだ。多くの若いジャーナリストの目標は、タイムズの記者やワシントン・ポストの記者になることであったりするものだ。だがそうした彼らも、最終的な夢となると違う。全員がそうだとは言わないが、フリーランスとして活躍することこそ究極の目標なのだ。タイムズやポストの看板を背負わずとも、自分の署名だけで勝負できるようなジャーナリストになる、それがゴールである。そのためには、自らの仕事をまとめ、形にする必要がある。本の執筆はそうした意味でジャーナリストにとっては極めて重要なのである」

なるほどそれはわかった。だが、そうなると、新聞社側にはメリットがないように思える。働かない者に高い給料を支払う理由はどこにあるのだろうか。

実は、そこにこそ、世界の頂点でもある米国ジャーナリズムの懐の深さを見せる理由が存在している。タイムズでなぜ、そんな大盤振る舞いが許されるのか同じ人間に聞いてみた。

「彼らの多くは洗練された才能でもって日々の仕事をこなし、良質な記事を書き続けている。あらゆるメディアが彼らを必要としている。仮に、彼らに本を書くことを禁じたらどうなるか。おそらく、われわれは彼らを失うことになるだろう。彼らのジャーナリスティックな仕事を尊重するからこそ、われわれはそうした契約を結んでいる。ここで働く者は、ニューヨーク・タイムズ記者である前にひとりの立派なジャーナリストである。そしてまたそうしたジャーナリストを多く擁しているからこそ、ニューヨーク・タイムズは読者の信頼を勝ち得ているのだ」
米国、いや世界のジャーナリズムを牽引《けんいん》しているという強烈な自負が窺える言葉である。米国の新聞社が、記者に対して一見、見合わない好条件を与えているのにはそうした背景があるのだ。

話を戻そう。こうした環境の下、筆者にもフリーランスでの仕事が認められる。以下は当時、支局長が提示した契約基準の一部である。

1 平日夜の勤務時間外、及び仕事のない週末はフリーランスの取材・執筆にあててよい。
2 ただし、記事を書く場合は、必ず自らの署名を明記すること。匿名での執筆は一切認めない。
3 タイムズで働いている以上、フリーランスの仕事とはいえ、記事を掲載する媒体には制限がかかる。とりわけ、英語の媒体についてはその都度確認を要する。
4 これは個人的な希望でもあるが、同じ理由で、女性のヌードを掲載した雑誌に記事を出すことは避けること。
5 著書の執筆などジャーナリストとしての仕事のために、まとまった休日が必要な場合は、その都度申請し、その上で検討する。

6　以下略。

2の署名記事について、当初、私は大いなる誤解をしていた。

日本では新聞・雑誌ともに匿名記事が主流である。米国の新聞のようにベタ記事まで署名を載せるのは奇異に感じるどころか、何か浅ましいと考えていた。どんな記事にも記者の名前を載せる行為は、米国のジャーナリズム特有の強烈な自己顕示欲の表れとも感じていた。だから、支局長から「匿名禁止」を伝えられた時、売名行為に繫がるような気がして、この点だけは削除してくれないかと依頼したのだ。

ところが、支局長の反応はまったく意外なものだった。驚きながらもやや怒っている。それは考えておくといって、その点についてはのちほど話し合うことにした。

そして「契約」の最後に、再び署名記事の話に戻った時、支局長が次のように語り、私の考えと逆の意味で署名を要求していることを初めて理解したのだ。

「記事には常に責任が生じるものだ。取材・執筆した記事に対しては最終的に責任を負わなくてはならない。もし責任を負えないというのならば、その記事は書かれるべきではない。少し考えたが、署名記事は絶対条件だ。それができないというならばフリーランスの仕事を認められないか、もしくは君とは『契約』を結ぶことはできないということになる」

説明を聞きながら、私はようやく自らの過ちに気づいた。明らかに誤解だ。私は慌てて自らの考えを説明した。

だが、とって付けたような言い訳に聞こえたのだろう。今度は逆に、支局長が不信感を抱いたようだった。さらに厳しい口調で私に語った。

「われわれニューヨーク・タイムズで働く者は、誰もが誇りを持って仕事をしている。取材し、記事を書く時でもそうだ。ジャーナリズムに対する敬意を失うべきではない。

それは、取材相手に対しても同様だ。たとえ厳しい論調の記事になろうと、書かれた相手への尊敬の念を忘れてはならない。だから相手の名前を明らかにしながら、自分だけが匿名の世界に逃げるようなことは決してあってはならないことなのだ。それは、ジャーナリズム本来の精神から完全に逸脱しているし、恥ずべき、卑怯な新聞記者のやり方だ」

もちろん、米国にも匿名記事はある。だがそれは、通信社の配信などストレートニュースに限られることが多い。さらに原則としてだが、ジャーナリストの場合、ペンネームも許されない。相手を本名で晒す以上、自らも本名で勝負するというのが健全なジャーナリストたちの考え方のようだ。それはニューヨーク・タイムズに限らず、外国の新聞社で働くジャーナリストの誰もが守ろうとしている最低限のルールなのである。

わずかに例外的に、独裁国家や戦地に赴き、自らの正体を明かすことがすなわち生命の危機に繋がる可能性のある場合などは除外される。それでもそうしたジャーナリストが書いた記事の署名欄には、匿名にしなくてはならない理由が書き込まれ、読者への説明責任を果たそうとしている。

日本の新聞が匿名だらけであることを知って、外国特派員のほとんどはまず驚き、その後、日本の新聞に対して拭《ぬぐ》えぬ不信感を抱くことになるのである。

誰によって書かれたかが重要

独立性に富んだ米国のジャーナリズムが優れていて、集団主義の日本の記者たちが劣っていると言うつもりはさらさらない。それはシステムの問題であり、記者個人の能力に優劣はないだろう。

そもそも日本と米国の新聞を同じ職業で括《くく》ること自体に無理があるのではないだろうか。先にも触れたが、日本の新聞社は、米国であったら通信社として扱われるに違いない。同じ土俵で論じること自体がナンセンスなのかもしれない。

にもかかわらず、ジャーナリストの独立性については、やはり明らかに日米で差があると言わざるを得ない。それが双方のメディアに属した筆者の偽らざる感想である。

ＦＣＪでの記者会見では、大抵最後に質疑応答の時間が用意されている。そこでは日本の記者クラブと違って、日本の報道機関の記者も、海外のジャーナリストたちと同様、公平に質問ができる。

質問の際、これは文法上の理由ではあるが、米国の新聞ならば、たとえば「Takashi Uesugi, The New York Times」とはじめに氏名、それから所属を言って質問を始める。これが日本のメディアだと「○×新聞の上杉隆です」と所属、そして氏名の順となる。

興味深いのは、時間もなく急ぎで質問をしなくてはならない場合だ。その際は、氏名か、所属のどちらかひとつを言って質問に入ることになるのだが、外国人記者の場合は、社名ではなく自分の名前を優先して告げる傾向が強い。これは挨拶の時でも同様だ。

ところが、日本人記者の場合だと逆になる。「○×新聞です」と社名だけを言って質問に入る。それはたっぷり時間のある普段の記者会見の場合でもそうだ。これは極めて象徴的なことではないか。

海外のジャーナリストたちの旺盛な独立心や個人主義と比して、日本の記者たちの会社への依存心は極めて特異に映る。それが海外の記者たちには、日本人記者は独立心に欠け、自信がなく見えるようだ。

以前、ロイター通信のサム・レン記者（当時）は、筆者がこうした事例を説明すると、「信じられない」と語り、次のように続けた。

「ジャーナリストはみな自らの『名前』で仕事をしているのではないか。その商売道具を使わないで一体どうやって仕事を得るというのか。『名前』を伏せたら、誰の仕事かわからないではないか。まったく理解できない」

レン記者の驚きは、日本の新聞記者の無署名記事と関係がある。海外の新聞では、記者が自らの署名を載せずに記事を書くことなどあり得ない。わずか3行のベタ記事ですら署名は必ず入れる。仮に短い記事だからといって署名を外したら、編集主幹はその記者から強烈な抗議を受けることになるだろう。記者にとって自分の「氏名」はそれほど重要な問題なのである。

一言で署名制度といっても、やはり米紙にも新聞ごとのルールがあるようだ。

ニューヨーク・タイムズは、記事本文の前に執筆者のバイライン（署名）を、原則1名分だけ掲載する。複数名のバイラインが入ることもあるが、それは例外的で、さらに協力者の名前を載せることはもっと例外的である。

ワシントン・ポストは逆に、取材にかかわった記者の名前を全員載せる傾向にある。ときに本文の終わりに「contributed」と記してずらっと記者の氏名が並ぶことがある。

笑えない話もある。ワールドブリーフなど、わずか30ワード程度のいわゆるベタ記事のような場合には、ときに記者の氏名とタイトル（肩書き）のほうが、本文よりも長くなってしまうこともある。

だが、仮にそうなったとしても、無署名になることはまずない。それほど欧米の新聞記者にとって署名は不可欠なものであり、その記事が、誰によって書かれたかということを示すことが重要なのだ。

ここが日本のメディアとの大きな違いだ。日本の新聞では記者の氏名を出すことは売名行為のような感覚が残っている。「取材班」という記述もよくある。それは、ときに都合よく、誰によって書かれたかという情報を読者から奪うことになってはいまいか。

朝日新聞「素粒子」の〈死に神〉報道

２００８年６月、朝日新聞は、死刑執行を繰り返す鳩山邦夫法務大臣についてこう記した。

永世死刑執行人　鳩山法相。「自信と責任」に胸を張り、２カ月間隔でゴーサインを出して新記録達成。またの名、死に神。

（夕刊「素粒子」／２００８年６月18日付）

翌19日、鳩山法務大臣は記者会見の中で、すぐさま反論し、自分は「死に神」ではないし、そうした記述は「執行された方に対する侮辱だと思う」と激しく抗議した。

これを受けて、朝日新聞には1800件を超える苦情が押し寄せる。当初、「とくにコメントはありません」としていた朝日新聞だったが、あまりの反発の多さに弁解に追われることになる。

鳩山法相の件で千件超の抗議をいただく。「法相は職務を全うしているだけ」「死に神とはふざけすぎ」との内容でした。

× ×

法相のご苦労や、被害者遺族の思いは十分認識しています。それでも、死刑執行の多さをチクリと刺したつもりです。

× ×

風刺コラムはつくづく難しいと思う。法相らを中傷する意図はまったくありません。表現の方法や技量をもっと磨かねば。

（夕刊「素粒子」／2008年6月21日付）。

果たしてこれが「訂正」といえるだろうか。謝罪の言葉は一切なく、「風刺コラムはつくづく難しい」と他人事のような感想を述べているだけに過ぎない。さらに、「表現の方法や技量をもっと磨かねば」と書きながらも、懲りずに「法相のご苦労」と記している。「ご苦労」とは、主として目下の者に対して使う言葉であり、また、他人の無駄な骨折りを嘲《あざけ》る意味にも使われることをこの記者は知っているのだろうか。

なにより問題なのは、これだけの騒動が起きてもなお、自らは安全な「匿名」の世界に逃げ込んだままで、一切正体を明かさないこの記者、及び朝日新聞の姿勢である。

果たして、こんなコラムをコラムといえるのだろうか。そもそも無署名でのコラムなど許されるわけもない。仮に海外の新聞でこうしたことがあったら、逃げずに訂正するか、もしくは表現の自由を賭けて徹底的に論争に挑むだろう。いずれにしろ、中途半端なのである。

署名記事で言えば、たとえばブロガーたちを見ていても、そうした差は歴然としている。海外のブロガーたちの多くは本名も、顔写真も、経歴も出していることが多い。ところが、日本は圧倒的に匿名のブログが幅を利かせている。

やはり、氏名などを出して正体を明かしたほうが、人間、その匿名性に隠れるよりもより慎重であるべきだという意識が働くものではないかと思う。誰しもが少なからず持っている自己顕示欲によって、自らをよく見せたいという気持ちは必ず発生するものだ。それがまた自制心に繋がり、相手に対する言葉遣いにも影響が出るのではないか。

「素粒子」のように相手を批判しておいて、自らは誰だか名乗らないのはまったくもって卑怯な話だ。書かれた者、この場合は鳩山法相だが、彼からすれば一体、誰に反論していいのかすらわからない。果たして、そんなことが許されている日本の新聞に、匿名のブログや「2ちゃんねる」などのインターネット匿名掲示板を批判する権利があるのだろうか。

日本では、辛うじて毎日新聞だけが署名制度を採用している。だがその毎日新聞ですら、厳密な意味での署名記事とはいいがたい。記者個人が最終的な責任を負ってまで書いているとはいえないからだ。

たとえばニューヨーク・タイムズでは、原稿を入稿した後、編集主幹などの上司のチェックが入る。ここまでは日本と同じである。ところがここからが違う。

仮に、当該記事に明白な事実関係の間違いがあったとしても、上司は、原則としてその原稿に手を入れることはできない。修正すべき箇所を記者に知らせ、アドバイスできるのみである。上司といえども勝手に文章を直すことは許されず、直すか直さないかは記事を書いた記者本人だけが最終判断を下せる。

ちなみに文章の削除だけは編集局の権限で行うことができる。ただしそれにもルールがあり、後ろのパラグラフから順に削除していくという事前の了解ができている。だから、記者たちは削られたくない重要な文を、記事の先頭に書くことが多いのだ。これが、本当の署名記事である。

ところで、仮に、記者がアドバイスを受け入れず、間違いのまま記事掲載となったとしたらどうなるのだろうか。

すべては、署名記事を書いた記者の責任となり、その記者自らが責任の取り方を考えればいいだけの話である。訂正記事を出すか、突っぱねるか、あるいはクビになるかもしれないし、自らその新聞社を去ることになるかもしれない。いずれにせよ、極めてシビアではあるが、それが世界のジャーナリズムのルールであるし、新聞の常識なのである。

こうしたことが当然である海外のジャーナリストたちは、「氏名」を出すことによって、自ら責任を負うという意識が自然と身についている。匿名に逃げることは許されず、署名である以上、一度の失敗が永遠にキャリアを汚すことにもなる。だからこそひとつひとつの記事に対して真剣にならざるを得ず、朝日新聞の無署名コラム「素粒子」をめぐるような騒ぎは起こらないのである。

それに比して、日本の新聞記者はどうだろうか。自分の書いた記事にすら責任を持とうとせず、都合が悪くなると匿名の世界に逃げ込む。あまりに情けない限りではないか。

署名記事を採用している毎日新聞といえども、厳密な意味での署名ではない、と述べたのは次のような理由からだ。

毎日新聞の記者は、記事を入稿してデスクなどの上司に上げた段階で、仕事も責任も終わることがある。そこでデスクらが記事に手を加えて、それに対しては基本的に記者は文句を言えない。ここが厳密な署名制度と決定的に違うところだ。

「書かせてやる」という意識

筆者自身も米国と日本のこの署名制度の違いを思い知らされた経験がある。

朝日新聞に「私の視点」というコーナーがある。NHKの放送圧力の問題について執筆してほしいと依頼があったのは、2005年春のことだった。

ずっと取材していた案件でもあり、筆者はすぐに記事を書いて入稿した。ところが、いざ掲載となると、事前に何度も何度も「検閲」が繰り返される。文章がおかしい、事実関係が違うということではない。単にNHKへの厳しい言葉遣いを弱めてくれというものであった。納得がいかないまでも、筆者は、求められた「一部内容の変更」という依頼に従い、表現をやわらかく変えたものだった。

だが、そうした依頼が何度も繰り返される。数カ月が経過した時点でついに我慢できずに担当者にこう告げた。

「そんなに気に食わないのならば、『私の視点』ではなく、『朝日の視点』として、好きなだけ手を入れて掲載したらどうか」

筆者は朝日新聞から頼まれて書いたのだ。筆者からは一言も書かせてくれと言った覚えはない。しかもタイトルは「私の視点」だ。顔写真も載せている。「私の視点」であるのに、なぜ朝日新聞の視点に従わなければならないのか。筆者は、朝日新聞の記者でもなければ、朝日新聞の意見を代弁する者でもない。独立したフリーランスのジャーナリストである。

こうしたことは、日本の新聞に染みついた慣習のようなものだ。外部の人間に対して、「書かせてやる」という態度がどうしても抜けきれないのだろう。

案の定、筆者が激しく抵抗したものだから、当時の担当者の間では、「なんだ、あいつは。生意気だ」ということになってしまっていたようだ。当時の朝日新聞幹部からのちに教えてもらった話だ。

現在、日本の報道機関の上層部を占めている世代は、世界に後れた日本独自のルールに沿って仕事をしてきた。それは仕方のないことだが、残念ながら時代は変わっているし、そのルールは世界ではまったく通用しないものばかりであることを、そろそろ認識すべきではないか。

古い日本独自のメディア・ルールを、30年、40年と信じて働いてきた人々に罪はない。記者クラブ制度も、匿名記事も彼らにとっては当たり前なのだ。そうした考え方を改めることは難しい。なぜなら、それを変更することは、自らを否定し、人生そのものが間違っていたと認めることになってしまうことになるからだ。いわばそれは、アフリカ人の水汲みの苦労を知らない先進国の人々の論理なのだ。これについてはのちに述べる。

第二節　実名報道

安全地帯から人を批判

――政界は妖怪が跋扈する魔界のようなところだ。海千山千の連中が昼夜を問わず暗躍し、権力闘争を繰り広げている。その永田町の構成員は、国会議員や議員秘書たち、さらに彼らの周囲には正体不明の人々が影すら見せずに蠢《うごめ》いている――。

政治取材におけるこのような印象は、ある面で正しく、ある面で間違っている。確かにここに挙げた「登場人物」たちが、日本の政治を動かしている。だが、そこには重要なプレイヤーが抜けている。政治部記者である。

伝統的に日本のメディアは同業者の存在を書くことを諒としない。筆者が『官邸崩壊』を著した後、もっとも多かった批判は、「なぜ記者の実名を書いたのか」というものだった。それが、日本のメディアにのみ通用する特殊な批判だということはおそらく記者たちも知らないのだろう。

拙著への批判は、記者の実名を載せたかどうかの話ばかりで、事実関係の指摘は皆無だった。代わりに、当人でもない人物から、記者の氏名を書いた筆者に対する「警告」がいくつも舞い込んだものだ。想像はしていたものの、それは一種の驚きであった。

日本のジャーナリスト、及び活字記者が同業者を批判しないわけではない。ときに、勇ましい限りの文章で記者を斬ったり、マスコミへの批判を加えたりする。

だが、大抵そうした場合の文章は、匿名で書かれている。稀に署名原稿であることもあるが、その時は、批判対象が誰だかわからないように、書かれた相手を匿名や仮名で隠してしまっている。

このように、論争が「飯のタネ」であるにもかかわらず、メディア同士がお互いの氏名を晒してまでやり合うことは滅多にないのだ。たまにそうしたことが起きたとしても、それは論争ではなく、感情的な人格攻撃に変貌してしまう。また、そうした論争の舞台は決まって雑誌に限られる。「高級な」新聞は論争をよしとせず、そのようなことに場を提供しない。

なんという不健全さであろう。これで国会や世間に対して「活発な論争を」などと呼びかけるのだから、その太い神経と厚い面の皮にはある意味、尊敬の念すら覚える。

さらに呆れるのは、自らがその批判対象になった場合である。その途端、目もあてられない醜態を晒すことが多い。自らは安全地帯にいて、他者のことを攻撃することに馴れてしまった証だろうか。あるいは失うものの多い社員記者の宿命なのだろうか。またあるいは、自らが何か特別な存在だと勘違いしている結果なのだろうか。

著名な朝日新聞記者でもあった本多勝一氏や疋田《ひきた》桂一郎氏が、ジャーナリストの岩瀬達哉氏を訴えたことなどまさにその好例だろう（双方が訴訟）。朝日新聞の誇る両氏にとっては事実関係やジャーナリズムなどどうでもよかったに違いない。

「売春婦よりも下等な人類最低の真の意味で卑しい職業、人間のクズ」（本多氏）

このような中傷を見せつけられれば、そこにジャーナリズムの大義はなく、単に自らの面子の問題だけでの論争なのだと改めて思う。さらに本多氏が、ジャーナリズム全体の問題だとして訴訟に打って出たことに対しても、筆者は違和感を抱かざるを得ない。

なぜなら、自ら言論の場での論争を放棄して、司法という権力に判定を委ねることは、反権力を標榜してきた「ジャーナリスト」にとって自殺行為に他ならないと思うからだ。

だいたい日本には論争を避けるべきではない職業にありながら、自身が論争の対象となると、このように途端に大騒ぎする「ジャーナリスト」や記者が多すぎるのだ。

「公人」と「準公人」

筆者は、これまでさまざまな人物を取材対象としてきた。その際、一貫して自ら取り決めとしていることがある。それは、最終的なジャーナリストとしての仕事は「権力の監視」だという認識から、批判は「公人」及び「準公人」に限るというものだ。

その際の「公人」の基準とは税金でもって生活する者、もしくは収入の一部でも税金から得ている者としている。

また、「準公人」とは、これは筆者独自の基準だが、反論手段を持っている者、つまり、やろうと思えば記者会見を開いて反論する機会を持つ大企業の経営者や組織のトップ、あるいは何らかの媒体を持つメディアの人間だ。

常に考えていることは、不満があれば、反論すればいい。そうした論争は、結果として、ジャーナリズム全体を活性化させ、取材や調査もせずに感覚だけで適当なことを話している評論家やコメンテーターの一群から一線を画し、結果としてそうした「人種」を駆逐する役割を果たすと信じているからだ。

筆者の最初の著書は、『石原慎太郎「5人の参謀」』であった。5人の役職はそれぞれ、衆議院議員（石原伸晃《のぶてる》）、副知事（浜渦武生《はまうずたけお》）、主税局長（大塚俊郎）、特別秘書（高井英樹）、参与（鈴木壮治）である。全員都民や国民の税金から給与あるいは報酬の一部が支払われており、筆者の基準で言えば「公人」に当たる。

その後、政治家以外の取材対象としてきたのが、影響力のあるニュースキャスターやマスコミ人だ。

久米宏（文藝春秋）、筑紫哲也（月刊現代）、海老沢勝二（文藝春秋）、渡邉恒雄（新潮45）、氏家斉一郎（文藝春秋）、櫻井よしこ（週刊朝日）、猪瀬直樹（週刊朝日）――。

彼らはそれぞれテレビ番組や連載コラムなど強力な反論手段を所持し、やろうと思えば、いくらでも対抗できる地位にあった。よって私自身の基準に従えば「準公人」となる。

余談だが、日本での「キャスター」は海外ではまったく通用しない概念だ。「キャスター」「アンカーパーソン」という言葉が示す通り、それは編集における「錨《いかり》」の役割を果たすものであり、編集全般への責任を持つ者のみが許される肩書きだ。資格としては相応の取材経験、編集経験が求められる。つまり、単に番組を進行するだけの日本のアナウンサーや司会者は、海外では決して「キャスター」「アンカーパーソン」とは呼ばれないのだ。

さて海外ではメディア同士が名指しで意見を戦わせることなど少しも珍しいことではない。現に新聞では「オプ＝エド（opposite-editorial／反対論説）」というページがあり、連日、記者やジャーナリスト同士の批判合戦が繰り広げられている。

ニューヨーク・タイムズのオプ＝エド欄には、連日保守論壇の重鎮が寄稿し、リベラルなニューヨーク・タイムズの報道姿勢や過去記事に対して容赦ない批判を加えている。繰り返すが、これはニューヨーク・タイムズの紙面に掲載されているのだ。

また、ニュージャーナリズムの旗手であるデイビッド・ハルバースタムやゲイ・タリーズの著書でも同様だ。同業者である記者たちの実名が躊躇なく記され、さらに遠慮会釈なく批判が加えられている。最近ではボブ・ウッドワードなどの大統領もの、権力ものの本でもそうである。

『官邸崩壊』に入った3つのチェック

ところが、日本ではまったく事情が異なっている。

『官邸崩壊』を執筆し終えた直後、版元の新潮社から事前に3点のチェックが入った。筆者は、さまざまなマスコミで仕事をしてきたが、中でも新潮社は、もっともタブーの少ない会社のひとつとして認識している。その新潮社ですら、自主規制に基づいたタブーが存在することを知り、改めて日本のジャーナリズムの深刻な病理を思い知らされた感があった。

例を示すために、それらを取り上げ、日本のジャーナリズムの問題点をさらに炙《あぶ》り出してみよう。新潮社の加藤新出版企画部長（当時）から筆者に出された要請は次の3点であった。

・3人の政治部記者の実名を登場させるのはどうか。
・連載陣である櫻井よしこ氏に言及している部分については、相応の配慮を願いたい。
・世耕弘成《せこうひろしげ》氏の出版物（新潮社）に関する記述に関して、もう少し配慮してもらえないだろうか。

ジャーナリズムというのは、労多くて実り少ない職業だ。長い間かけて取材して、ようやく確かな根拠にたどり着き、幾重もの分析を重ね、情報をクロスさせながら執筆しても、こういった組織のくだらない都合によって歪められてしまう。

このような「自主規制」は、日本のメディアの専売特許だ。少なくとも米国のメディアならば、そのままで世に出せなくとも、アウトプットする別の条件を添えて、要請をやり直してくるだろう。いや、むしろ編集者のほうがより具体的で刺激的な記事を記者に求めるかもしれない。だが、そのいずれにしろ、具体的な圧力を受ける前から自主規制してしまうのは、日本のメディアだけの特色だということは断言していい。

この「提案」を伝えられた瞬間、筆者は即座に申し出を断った。同時に、自らの主張を担当者に伝え、むしろその3点だけは正当な理由がない限り削除に応じないと心に決めたのだ。

結局、皮肉なことだが、そうした要請があったからこそ却ってそのくだりは入念に再取材され、当初よりも厳しい記述になってしまった。つまり、逆効果というやつである。

その3人の政治部記者は、それぞれ産経新聞の阿比留瑠比氏、同じく産経新聞の石橋文登氏、そしてNHKの岩田明子氏だ。

阿比留氏に関しては自ら署名記事を書き、ブログを持ち、著書も出版している。石橋氏も署名記事を書き、岩田氏に関してはNHKという強力な媒体でニュースを伝える、リポートできるという形で、自ら匿名の世界に住むことを放棄している。

それぞれ手法は違うが、この3人の誰もが実名でもって勝負をしている。そうした人物に対して、なぜ匿名にしなくてはいけないのか、いまだに筆者にはその理由がわからない。

櫻井氏に関しては言わずもがなだろう。現在、日本でもっとも影響力のあるジャーナリストで、知名度は群を抜いている。しかも米紙「クリスチャン・サイエンス・モニター」出身で、実名を出しながら正々堂々と論争することには馴れている。日本では珍しいタイプに分類されるかもしれないが、海外では、常に正面から論争に挑む櫻井氏のようなジャーナリストが普通であり、そうでないと「記者」として認識されない。

世耕氏の件については、新潮社の販売や営業の事情がそう言わせたのだろう。だが、フリーランスの筆者にはまったく関係のない話である。しかも世耕氏は、参議院議員という「公人」で、安倍政権の広報担当をもって任じており、個人のブログも持っている。他の議員よりも強い反論手段を所持していることからも、配慮自体がナンセンスなのだ。

ところで、近年ひとつのメディアとして登場したブログについて、それが反論手段かという点についてては筆者にも疑問の余地が残る。確かにブログは強力な武器にもなり得るが、アクセス数などで大きく個人差があり、よほどのスーパーブログではない限り「準公人」の基準を満たすとは考えにくいからだ。

いずれにしろこうした点を考慮しても、筆者は、新潮社からの要請は適当でないと判断した。ある意味、その要請に逆らうことで、日本のメディアが同業者だけに配慮してきた悪習に敢えて挑んだつもりだった。

面白すぎるのはルール違反

こうした内輪同士での傷の舐《な》め合いは、日本のメディア全体の可能性を狭めているように思えてならない。居心地のよいぬるま湯に浸《つ》かりながら、自分さえ良ければいいという空気が蔓延している。ジャーナリズムよりも社員としての給料が大事。時代は移り変わり、メディア業界にも大きな波が押し寄せているというのに、まさしく砂の中に頭を突っ込んだダチョウのごとく外の現実を見ようとしない。

そんな印象は『官邸崩壊』執筆直後の同業者たちからの評判からも感じ取った。その拙著は発売して1年経つが、幸い同業者以外からの評判は上々である。

では同業者たちからの不評の理由は何かというと、その文体（書き方）にあるようだ。

「あの書き方じゃ、ノンフィクションといえないな。それにストーリー展開が面白すぎる。小説ではないのだから、見てきたような書き方はルール違反だ」

これは『官邸崩壊』執筆直後に直接何度も言われた言葉だが、実はそれは事前に予想した通りの反応だった。その種の批判を予期して、敢えて小説のような文体で書いたのだ。

それはなぜか。日本の新聞やメディアの独りよがりのジャーナリズム論に一石を投じようと考えたからに他ならない。

執筆中、新潮社の編集担当者である許正志《きよまさし》氏からも同様の注意を受けた。彼はすぐに理解してくれたが、筆者は、日本で文章を書くたびに同じようなアドバイスをされ続けてきた。

かつて、『文藝春秋』の編集者からはこう告げられた。

「その書き方では賞を取るのは永遠に難しいな」

日本でのノンフィクション作品の良し悪しは、その中身の面白さよりも文体で決まるようだ。淡々と事実関係だけを書き連ね、「括弧《かっこ》」付きの会話で文章を結び、登場人物の心象を排除して、ひたすら客観的とされる発表情報を記していく。そうした書き方がなにより尊ばれるのだ。

小説のような文章は敬遠される。地の文で書くよりも、「括弧」でもって誰かに語らせる。時制は過去形で一致させなければならず、よって読者は臨場感を味わうことはない。つまり、ルールのためには、読者は二の次なのだ。一体、誰の作ったルールか。

この馬鹿げた規則に従えば、デイビッド・ハルバースタム、ゲイ・タリーズなどの作品群はすべてノンフィクションではないということになる。

ノンフィクションとは文体で決まるのではなく、中身で決まるものではないか。自ら取材し、資料を漁り、情報を交差させ、重層的な分析を経て、ようやく執筆されるものをノンフィクションと呼ぶのではないか。筆者の中身が優れているなどというつもりはさらさらない。より優れている作品はいくらでもある。ただ、文体を理由にノンフィクションというジャンルから排除する偏狭さが理解できないのだ。

ノンフィクション、その書き方は個人の自由であり、また個性であるべきだ。

ところが、日本では文体が「ノンフィクション型」(日本式)でさえあれば、中身がお粗末だろうが、検証不能だろうが、自らの体験談だろうが、ノンフィクション作品として認められているのである。思えば不思議な話である。

『官邸崩壊』では、筆者は敢えて日本のメディアが勝手に作り上げたノンフィクション像を破るように、そうしたタブーに挑んでみた。

まずは「括弧」を外す文体である。その理由は、読みやすさであり、同時に、情報源を守るためでもあった。

馴染みの薄い政治家の発言を読まされるほど一般読者にとって辛《つら》いものはない。政治記事で頻繁に見かける、誰々は「○○○○○」と語った、誰は「×××××」と発言したというやつである。発言自体にまったく政治的意味のないものでも、政治記者たちは後生大事に喜んで大物政治家の言葉を載せる。そして大抵は「政府高官」「自民党幹部」といった正体不明の政治家のコメントとして扱われる。そうした安易な文体を嫌うからこそ、読者のために「括弧」を外したのである。

また、小説のような文体にすることは、日本のメディアの悪弊へのアンチテーゼでもあると同時に、特定されやすい情報源を守るためでもあった。

首相官邸という機密性に富み、ソースの限られた場所の内部情報を描くという作業は、それほど楽なことではない。なにより取材対象は自国の政府である。1回の取材、1行の執筆のたびに、これでもかという反応、圧力、脅しがやってくる。

遠い異国の政府や過ぎ去った時代の事象を書くのとはわけが違うのである。

ロシアやアフガニスタンの政権内部の描写や政府高官のコメントが、ほとんど検証不能であるのと対照的に、自国の現政権の内部を描くということは、すべての読者からの厳しい目が注がれ、当事者たちからの厳重な検証に堪えなければならないということを意味する。

政府高官が「△△△△」と語ったなどと書けば、一発で情報源が特定される。事実関係を間違えれば、即日、抗議がくる。そして反論しているうちに、相手に情報源を特定される危険を増やすことにも繫がる。

情報源の秘匿はジャーナリストにとっての最低限、かつ最大の責務だ。ソースを守るためならば、文体を変えることなど厭《いと》わない。むしろそれを禁じている日本のメディアの気が知れない。いまだに筆者はその「日本版ノンフィクション」のルールを理解できないでいる。

それにしても、予想外だったのは、「括弧」を外すことが、却って辛い作業となってしまったことだ。実は「括弧」付きの会話文で誰かに語らせることほど楽な書き方はない。基本的に取材対象者の語ったままを記せばいいし、執筆のペースもずっと速い。ウラ取り作業も格段に減らせる。

ところが、会話文の「括弧」を外した瞬間、その作業は倍増、いや数倍に増える。まずは、該当部分の情報を、改めてクロスチェックしなければならなくなる。そして読者の読解を助けるために、補足の句も入れなくてはならない。他にもいろいろな面倒が増えた。そうやって苦労して書いたのが『官邸崩壊』だ。

ずいぶん言い訳かつ自慢めいてしまったが、いまだに同種の批判が多いため、敢えて記した。『官邸崩壊』の文体は同業者からは散々だったが、一般読者や官僚、そして書かれた政治家からの受けは、過去に経験したことがないほど良好だ。

なにより、現実政治と同時進行での取材執筆であったにもかかわらず、事実関係で訂正のなかったことが嬉しい（誤字脱字はあり）。また、自民党や霞が関、あるいは内閣官房が血眼になってソースを探していたが、いまだに情報源の特定がされていないのが、ジャーナリストとしてなによりの誇りであると自負している。

こうした小説のような文体は、何も筆者だけのものではない。ニューヨーク・タイムズ、ワシントン・ポストなどの米紙には、まさしくそうした文体で記事を書いている記者が多数いる。日本の無味乾燥な新聞と違って、個性豊かな記者たちが、その個性の花を競うように咲かせているのが米国の新聞なのだ。

第三節　均一化されたエリート記者たち

議員と秘書は多士済々

現在、国会議員は衆参合わせて722人いる（2008年5月現在）。そうだとすると議員秘書は、公設だけでも2000人ほど、私設秘書を合わせれば、軽く見積もっても5000人は下らないだろう。人数だけを見れば、議員秘書こそがまさに永田町の「主役」ともいえよう。

永田町に到達するまでの秘書の経歴は実にさまざまだ。

学生、会社員、議員の子女などは普通だが、筆者の知り合いをざっと思い返してみただけでも、元企業経営者、スポーツ選手、准教授、地方議員、雑誌編集者など珍しい経歴の人物が議員秘書として働いている。さらに落選中の地方議員はかなりの数がいて、中には、宇佐美登氏などのように元国会議員までもが含まれる。その他にも、自衛隊員やプロレスラーの肉体派、元ホストや現職ホステス、バーテンダーなどの水商売系、グラビアモデルや歌手などの一部有名人もいれば、MBA取得者、財務省のキャリア官僚などのエリートも、そして元チーマーや元ヤクザなどの「ワル」もかなりいる。

このような具合で秘書の世界は多士済々なのである。

そうした秘書の多く、とりわけ男性の秘書たちの多くは、将来、自らの胸に国会議員バッジを輝かせることを夢見ている。だが、そうした夢を叶えられるのはほんの一握りの者たちに過ぎない。

過去の職種がさまざまであったように、秘書の将来もまた多様なのだ。たとえば、幸運にも、議員バッジをつけることのできた者ですら、その人生はさまざまだ。

福田康夫、安倍晋三、小泉純一郎、森喜朗などのように、直近の4首相を見ても全員が秘書経験者であり、究極のゴールであろう内閣総理大臣の椅子に座っている。ところが、そうした者たちの陰では、鈴木宗男、山本譲司など拘置所の塀の内側に落ちてしまう元秘書も存在している。

現役秘書でも、力を持っている者もいれば、まったく使いものにならない者もいる。そうした多様な人間の見本市、それが秘書の世界というより、政治の世界なのである。

政治記者たちの奇妙な同質性

一方で、その永田町を取材するのが政治記者の仕事だ。ところがその記者クラブ所属の「一流メディア」を構成する記者たちの経歴は、対照的に極めて均一化したものになっている。

これまで日本のメディアは、原則として、大学を卒業したばかりの学生のみを記者として採用してきた。現在でも入社試験の条件欄には「大卒程度」と記されていることが多い。少し前までは、それが「大卒」だったということを考えれば、確かに進歩かもしれない。だが、民間企業のみならず、役所ですら高卒のキャリアが存在している現状を考えればいかにも時代後れである。

筆者が、永田町で働いている時に感じたのは、外部から眺めた政治記者たちのこの種の気味の悪い同質性だ。大学同窓の結びつきで人脈が形成されるため、常につるんでいるように見えたものだった。

その大卒者ばかりの政治記者の中でも、圧倒的に多いのが東京六大学出身者の割合である。

たまに違った大学の出身者だと思って接してみても、地方の国立大学か海外のトップクラスの大学を卒業した者ばかりである。

さらに、かつては「指定校制度」というものさえあり、この傾向はより強かったように思う。自由であるべき報道機関が、採用の際に差別的な学歴条件を付けるのはどうか、こうした批判を避けるため、さすがにこの種の制度はなくなったようだ。

確かに、学歴を採用条件にするのは企業の自由といえるだろう。だが、そうして集められた記者たちは、当然ながら「有名大学、新卒、男性」というように同質な者ばかりが揃うことになる。

ついでながら、女性と比して男性記者が多いのも政治記者の特徴だ。近年は民放テレビ局を中心にいくぶん改善されたように思われるが、新聞社となるとまだまだ男性優位に変化はない。

女性に優しい職場を自任するＮＨＫに至っては、過去、女性政治部記者はたったの9人だけである。１９９０年の林理恵記者を第一号に、現在は岩田明子記者他2人にとどまっている。しかも女性記者であると、どんなに優秀でも出世はできない。小泉・安倍政権でスクープを連発した岩田記者が将来、政治部長になるようなことは絶無だ。ちなみに現在の政治部記者は約50人、過去の累計で言えば、おそらく女性記者は1％にも満たないだろう。

差別とまでは言わないが、結局こうしたことが、日本のメディア自身の首を絞めることに繋がっているのではないか。朝日新聞の元採用面接担当者にそのあたりの事情を聞いた。

「採用に偏りがあるという指摘は確かにそうかもしれないが、採用する側にも言い分はある。なにしろ1日何十人、何百人もの学生と面接し、わずか数分の間にその学生がどのような人物かを見極めなくてはならないのだ。そうなると、採用にあたっては、必然的に経歴などに頼らざるを得なくなる。だから自然と優秀な高学歴の志望者に内定を出すことになる」

採用担当者もまた高学歴である。おそらく同じ学歴に偏るというのは、採用担当が、自身の出身大学の後輩ならば、どの程度の学力で、どのような思考傾向にあるのかを比較的容易く判断できるという便利さも背景にあるのではないだろうか。つまり将来の報道記者として選ぶというよりも、自らの「安心」のために似たような学生を大量に採用する傾向にあるのではないか。

同じような記事しか生まれないわけ

こうして、同じような学生ばかりを採ることになるから、結局は、同じ思考回路を持った偏った人種で組織が構成されてしまうのだろう。

実際、筆者の知り合いの政治部記者は、東大、早稲田、慶応の3校出身者だけで半数以上を占める。政治家もまた同様の傾向にあるため、政治部報道は、ごく一部のそうしたエリート層の論理によって、作られ、報じられているということはいえないだろうか。

たとえば、米国では元ワシントン・ポスト記者のバーンスタイン氏（ウォーターゲート事件報道でピュリッツァー賞受賞）などは、コピーボーイから記者生活をスタートさせている。

もちろん日本以上に学歴偏重社会の米国だから、アイビーリーグ出身の記者は少なくない。だからといって日本のように同窓生同士でつるむということもない。そもそもどこの大学出身なのかということを聞く文化はない。仮に聞かれるとしたら大学名ではなく、専攻した学科である。実際、筆者も大学名ではなく、何を専攻したかしか聞かれなかった。おそらくニューヨーク・タイムズの特派員は誰ひとり、筆者の出身大学を知らないだろう。

多様性を求めて、敢えてさまざまな経歴の人物を雇うのが米国新聞社の方針だ。よって、新卒の採用は極端に少ない。

「学生よりもキャリアを積んだ社会人を採用するのは当然だろう。もちろん即戦力として使えるならば、学生だとしても喜んで雇うだろうがね。でもそうした学生はなかなか見つからないだろうよ」

ニューヨーク本社で昼食をともにしたメトロ担当記者のひとりはこう分析した。ちなみに彼はかつて大学講師であったという。

第四章　記者クラブとは何か

第一節　記者クラブの誕生

仲間はずれがいちばん怖い

競争社会にありながら、絶対的に競争を避けてきたのが日本の新聞である。その徹底した姿勢は、もはや芸術の域に達しているといっても過言ではない。政治家の外遊の際の驚くべき対応がその見事な事例といえる。

安倍前首相、森元首相など、なおも一定の政治的影響力を持つとされる首相経験者の動向取材ほど、記者クラブメディアにとって困難なことはない。

たとえば、2008年だけでも、3月の安倍前首相のベトナム訪問、6月の森元首相のOBサミットでのスウェーデン訪問などがその例だろう。

政治記者たちは、それほど必要性のないこれらの外遊の場合でも、なぜか、同行取材をすべきかどうか真剣に悩んでいる。明らかにセレモニーだけの日程や日本の外交上ほとんど意味をなさないものだとしても、記者たちは「行く必要がない」という決断ができない。ひたすら会社からの最終指示を待つ。

彼らにとっては何を取材するかはほとんど重要ではない。重要なのは、他の記者が取材に行くかどうか、ということなのだ。つまり、単に仲間はずれにならないかどうか気を遣っているに過ぎないのである。

この驚くべき判断基準は、世界のジャーナリストたちの精神と対極をなす。海外の記者ならば、他の記者が取材していたら、自らはそれを避けるだろう。他社と同じ情報、同じ記事、同じ映像をいくら並べようとまったく評価はされない。他社と違う切り口、異なったものの見方を提示してこそ、初めて一人前のジャーナリストとしての存在価値が認められるのだ。

ところが、日本の記者クラブはまるで逆である。可能な限り同じ情報に接して、ライバルたちとともに行動し、同じような記事を並べることが、記者の仕事だと勘違いしているかのようだ。

記者クラブ略史

記者クラブそのものの歴史は古い。

１８９０年、帝国議会の発足した際に取材を要求する記者たちが「議会出入り記者団」を結成したことに始まる。これをきっかけに、「情報を隠ぺいする体質の根強い官庁に対して報道機関側が記者クラブをつくり、公権力に対して情報公開を求める」（日本新聞協会）という大義名分の下、全国に記者クラブが作られることになったのだ。

しかし、そうした美辞麗句のメッキはやがて剝《は》がれる。

1930年代後半、日本に軍靴の足音が近づくにつれ、政府の言論統制が厳しくなる。その圧力に耐え切れず、ついには記者クラブ自らがその傘下に入ってしまう。そして大本営発表の戦争礼賛の記事ばかりを報じることになったのだ。

戦後、そうした反省に立って、記者クラブは復活した。

1949年には、「記者クラブは各公共機関に配属された記者の有志が相集まり、親睦社交を目的として組織するものとし、取材上の問題には一切関与せぬこととする」（日本新聞協会の方針）と、親睦団体的な意味合いのもと、再結成している。GHQの占領下ということもあって、この趣旨は米国のプレスの精神を十分に体現している。仮に、このままであったならば、現在のような記者クラブ批判は起こらず、海外プレスから見ても健全な組織として存在していたことだろう。

だが1978年、日本新聞協会の編集委員らが、記者クラブに対する「見解」を変更したことでその性質は一変した。

「その目的はこれを構成する記者が、日常の取材活動を通じて相互の啓発と親睦をはかることにある」（日本新聞協会）。

――「取材活動を通じて」。この文言によって記者クラブは実質上親睦団体から、取材拠点へと変わったのだ。これがすべての始まりだろう。

そして今、日本のメディアは、記者クラブ論議を避け続けている。変更から30年、そろそろ見直しをしてもいい時期ではないか。

第二節 日米メディアをめぐる誤解

論争を避ける記者たち

ジャーナリズムの世界にあって、議論は当然の手段であり、自己批判も含めた論争こそが世界中のジャーナリズムを成熟させてきた。

ところが日本のメディアではどうもそうではない。たとえば記者クラブ制度について、新聞やテレビなどの大手メディアが、その制度について激しく論争したということはまずない。批判しないだけならまだしも、あたかも記者クラブ制度自体が存在しないかのように振る舞っている。

ごく稀に、雑誌などで記者クラブ制度の特集が組まれることがある。だが、そうした記事に対しては、必ずといっていいほど新聞協会などからの「反論」がある。いや、「反論」というにはあまりにお粗末な内容のレベルである。なぜなら、正式に紙面や番組での反論ではないからだ。それは反論ではなく、愚痴に等しい。

中には懸命に自己弁護に酔う人物も現れる。たとえば、米国のシステムを引き合いに出して、次のような「反論」がある。

実際にはアメリカのマスコミ社会は自由とは名ばかりの「差別」社会という側面も合わせ持っているのが実情だ。あるいは「階級」ないし「序列」社会と呼んでもいいだろう。だから記者たちは権力から優遇されるいわゆる序列トップの「インナーサークル」に入ろうと必死に競争する毎日でもある。それがまた政府の情報操作を許す大きな一因にもなっている。

このアメリカのマスコミ階級社会に身を置いてみると、日本のマスコミ各社は取材先、とくに権力からなんと公平にわけ隔てなく扱われているのかが実感できる。中央紙も地方紙も、またテレビ各社も皆平等の待遇を受け、その社名だけで選別され取材から排除されることはまずないからだ、日本では特ダネは特定の社に属しているから取れるわけではなく、個人の努力によるところが大きい。ところがアメリカでは有力メディアの記者というだけで政府から特別の扱いを受け、リークも優先的に受けるのが普通だ。

（佐々木伸著『ホワイトハウスとメディア』中公新書）

共同通信記者の佐々木氏によれば、『文藝春秋』や『週刊新潮』などの雑誌媒体はマスコミではないということになる。もちろんフリーランスのジャーナリストも同様だ。

残念ながら、こうした間違いだらけの日米記者クラブ比較は一向に改善される気配はない。

佐々木氏の言うことが正しいとすれば、一体『タイム』や『ニューズウィーク』のような雑誌メディアがインナーサークルに入っている米国の現実をどう説明すればいいのだろうか。

また、ボブ・ウッドワード氏が大統領はじめ政府高官にインタビューできるのは、ワシントン・ポストに所属しているからではない。彼個人の仕事が認められて、ホワイトハウスが彼を受け入れているからだ。

一方で「公平にわけ隔てなく扱われている」はずの日本のマスコミでは、フリーランスのジャーナリストがそうした形で首相にインタビューできることはまずない。権力側に選別され排除されることのない日本では、記者クラブがその機能を代行している。

海外特派員生活の長い記者ですらこの程度なのだ。国内の記者クラブのみでしか取材をしたことのない記者が、世界のジャーナリズムの現実を直視することができないのは当然なのかもしれない。

アメリカでは取材で自由に誰にでも会える？

「アメリカでは取材が自由で、だれでも簡単に当局者と会うことができる」
「日本のような悪名高い閉鎖的な記者クラブではなく、クラブはすべてオープン、平等だ」
「外国人記者だからといって不公平に扱われることはない」（同前）

筆者がニューヨーク・タイムズで働いた時から10年近くが経過するが、ここに列記したような勘違いは一向に減らない。ここで一度きちんと説明しておこうと思う。

まず世界中のどこであろうと、誰もが簡単に国家首脳に会えるような自由な国は皆無だ。

確かに、少し前の北欧諸国では、それに近い形で首脳とメディアの距離が非常に近かった時期もあった。だが、「9・11」の同時多発テロ以降、暗殺の対象となる危険性が高まり、現在では、国家元首への自由なアクセスは認められていない。

当然といえば当然だが、国内と海外のメディアを平等に扱う政府などほとんどない。どの国の政府も、常に自らに効果的なリーク先を考えているに過ぎない。

敢えて言えば、特殊な例は日本だ。記者クラブの記者が書けない情報が、ＦＣＣＪなどにいる海外プレスに流れるからだ。だがそれは日本のメディアが知っていて書かないだけの話であるから特ダネとはいいがたいだろう。前述の宮内記者会の話がその好例だ。

米国では『タイム』や『ニューズウィーク』などの雑誌記者たちが、大統領専用機に乗っている。その中には歴史に残る素晴らしいリポートをいくつも記事にしている人もいる。だが、日本では、『文藝春秋』の記者も、『週刊新潮』の記者も、政府専用機のタラップに足をかけることさえ許されない。つまり、日本では雑誌やフリーランスは、メディアとして認められていない、ということである。

ならば、雑誌はジャーナリズムではないのか。筆者がニューヨーク・タイムズに属していた当時、フレンチ氏がたびたび述べ、特集記事にもした言葉が印象的だ。

「記者クラブに所属している日本の新聞やテレビを報道機関というのはおかしい。あのような仕事は政府の広報機関と同じ役割だ。私が取材した中で思うのは、日本で報道機関といえるのは、雑誌だけだろう。彼らや一部のフリーランスだけがわれわれと同じジャーナリストと認められる」

フレンチ氏の言葉が異端というわけではない。これこそが、特派員として日本で働いた経験を持つ外国人ジャーナリストの総意だ。筆者はＦＣＣＪにいる外国特派員が同趣旨のことを語るのを何度も聞かされたものだ。

つまり世界で唯一、われこそはジャーナリズムだと勘違いしているのは、当の日本の記者クラブメディアだけなのである。

第三節　英訳・キシャクラブ

なめられるエリート記者

政治家や秘書にとって、守るべきものを多く持ち、エリート集団である記者クラブ所属の記者たちは、ある意味で、御しやすい存在だ。逆に、斬捨《きりす》て御免でやってくる雑誌の記者などは危険な輩ということになる。

鳩山邦夫氏はかつて田中角栄元首相の秘書であった。麓邦明（元共同通信）、早坂茂三（元東京タイムズ）両秘書の影響を受け、鳩山事務所のマスコミ対応も田中事務所のやり方を色濃く反映していた。筆者が、秘書として働き始めた頃、田中秘書軍団にも所属していた先輩秘書のひとりから、メディア対応に関して次のような忠告を受けた。

「いいか、仮に、記者クラブ所属の新聞、通信、テレビなどの記者連中が来てもそれは放っておいて問題はない。あの連中は仲間だし、安全パイだ。まず、とんでもないことはしでかさんよ。

問題は、雑誌とかフリーの記者がやってきた時だな。いいか、奴らが突然当てに来た場合は要注意だ。その時には記事の大半は出来上がっていて、しかもその内容はろくなもんじゃない。いいか、やつらがどうしても話を聞きたいと来た時は、どんな時刻でもいい、深夜だろうが、早朝だろうが、代議士を叩き起こせ。そして直接会わせて話をさせろ」

当時、このアドバイスについては違和感をもって聞いていた。ところが実際にその後、広報担当秘書として日常的に記者クラブの面々と触れ、また、逆に自分自身がフリーランスという立場になり、雑誌媒体とかかわるようになってから、的を射た忠告だと思えるようになったものだ。

「出入り禁止」恐怖症

日本では危険とされ、はじめから除外されている雑誌記者やフリーランスと違って、記者クラブ所属の記者たちは、取材対象から「出入り禁止」を食らえば、即、取材ができなくなる。そうなると記者としてのみならず、会社員としても苦しい立場に置かれる。

所属する組織がそうした記者に理解を示すことは皆無だ。なぜなら上司である彼らこそが記者クラブ制度を肯定し、その中にどっぷり浸かることで、現在の社内での地位を獲得してきた張本人たちだからだ。

記者クラブ制度の現実に疑問を持つような記者たちは、とうの昔に会社を去っているか、あるいは反発して地方に飛ばされているか、いずれにしろ出世街道に残っていることは皆無なのである。

とりわけ政治部にその傾向が強い。優秀な政治記者ほど権力側の嫌がる情報を得て、目をつけられ、「出入り禁止」などになる可能性が高い。「出入り禁止」はジャーナリストにとって「勲章」だ。それは誇っていい事柄である。

ところが、実際は「出入り禁止」になった政治記者の評価は低い。同じ記者クラブ所属の記者たちから白眼視されるだけではない。所属している組織からもなぜか「問題記者」「ダメ記者」というレッテルを貼られる。そして社内の人事考課に大きなマイナス要因として記録されるのである。

当然ながら、批判的な記事を書く政治記者は減り、当局と一体化した者が幅を利かせるようになる。さらに取材対象とべったりの関係にある記者たちが、政治家から情報（大抵はどうでもいい内容だが）を取れれば、相対的な評価は固まる。そしてますます政治家への厳しい記事が減る。これはＮＨＫ政治部などで見られる象徴的な悪循環である。

確かに、一旦築いた人間関係を壊すことは簡単なものではない。そこには葛藤もあれば、悩みもあるだろう。フリーランスや雑誌記者は1回だけの取材で済むかもしれないが、記者クラブ所属記者は、毎日そこに通わなくてはならないのだ。彼らに対するこの種の同情の声はよく聞く。だが、それには筆者はまったく同感できない。

そもそもその程度で壊れるような人間関係であるならば、維持する意味など何もないではないか。批判するべき時には批判し、賛同する時には賛同する、そうした是々非々の関係にこそ、真の人間関係があるのではないか。

しかも、彼らは記者である。それならば、政治家との人間関係を気にするよりも、読者や視聴者との契約関係を気にするのが筋ではないか。

「出入り禁止」とそれに対するメディア組織の対応が、いかに日本の記者クラブ制度が世界において異質であるのかを改めて知らせてくれる。

海外の記者クラブ

記者クラブの奇妙さは、海外のそれと比較してみるとよりわかりやすい。ホワイトハウスにもクラブはあるが、それは単なる親睦団体だ。ちなみに『キシャクラブ』という言葉はそのまま英語でも通用する。

権力側が主催した記者会見、たとえばホワイトハウスなら大統領府だが、そこから「出入り禁止」にされるのは一向に構わない。なぜならそれは、アクセスを禁じた権力それ自体からのメッセージとなるからだ。

だが日本は違う。記者クラブが「出入り禁止」を決定することで、権力側は責任を問われることのない安全地帯に逃げ込めるのである。こうして権力と一体化してアクセス権を握っていることにこそ、記者クラブの驕りと欺瞞の本質が隠されているのだ。

第四節　都庁記者クラブの場合

知事主催の火曜会見

米国では、権力側が、たとえば、大統領会見などに出席するジャーナリストを選別できる。逆に、ジャーナリストからしてみれば、どこの組織に所属しようが、フリーランスになろうが、ホワイトハウスの記者証（プレスカード）さえ持っていれば、いつでも大統領への取材のアクセス権利を持っているということになる。

プレスカードは、外国人であるフリーランスの筆者が行っても申請できる。申し込みは通常、次のような手続きでもって進められる。

まずホワイトハウスの担当者は、申請者ひとりひとりについて、この人物は本当にジャーナリストとして活動しているのか、あるいはまた、過去に危険なテロにかかわったりしていないかなどの経験をくまなく調べる。ここでOKだったら、基本的にプレスカードは発行される。実に簡単である。

2001年の同時多発テロ以降、申請から承認、発行までの期間が少し延びているが、それでも1年かかるようなことはない。そして一度カードが発行されれば、次回の申請は比較的容易で、それまではいつでも記者会見に参加できる。但し、長い間、記者会見などに顔を出さないと突然無効にされることもある。もちろんきちんと働いていれば問題はない。

ところが日本の場合は違う。たとえば東京都。都庁では知事ではなく、都庁記者クラブが知事会見を主催している。基本的には記者クラブメンバー以外は、出席できたとしても質問すらできないオブザーバー参加に限られる。

1999年の石原都知事就任以来、都庁記者クラブは毎週金曜日の午後3時に定例会見を設定してきた。実はそれとは別に、一度、火曜日に知事主催の会見を開催していたことがある。石原都知事側が、不公平な記者クラブ制度に対抗するため、雑誌やテレビの情報番組担当者、フリーランス、海外メディアのために別に会見を開くようにしたのだ。

当時、外形標準課税（銀行税）やディーゼル車規制などでメディアの寵児《ちょうじ》となっていた都知事ということで、第1回目から多くの参加者が集まる盛況ぶりであった。ワイドショーから雑誌、女性誌から海外プレスまで実に多くの取材者が集まった。筆者ももちろん参加していた。

都庁記者クラブの妨害

ところが、結局この知事会見は、数カ月で中止となる。その理由は、参加者の質問の質の低さ、知事側のスケジュール調整、それらに対応する知事側が嫌気が差した、ということだろう。だが、当初は違った。既得権益を失うことを恐れた都庁記者クラブが、知事主催の会見中止へさまざまな工作を仕掛けていたのだ。

「情報が2回出ることになるので、火曜日の会見は中止してほしい」

情報公開を旨とし、ことあるごとに知事会見の時間と回数の延長を求めてきたのは記者クラブのほうである。その記者クラブがなぜか会見を止めろというのだ。

「自分たちが独占できるという前提で、そうしてほしかっただけなんだろう。まったくふざけた話だ」

火曜日の会見を発案したひとりでもある高井英樹特別秘書は当時、記者クラブからの抗議を受けてこう吐き捨てた。さらに不思議なのは第1回目の直前の申し入れだ。

「記者会見は、記者クラブ主催であることが前提だ。『記者会見』という言葉を使うと混乱するので、火曜日は記者会見としないでほしい」

当時、都庁記者クラブに所属していた新聞記者のひとりが解説する。

「もしかして火曜日に重要な発表があると、金曜日の正式記者会見の意味がなくなってしまう。それに、記者クラブ加盟社以外が参加すると『報道協定』などがあった場合、守られない可能性がある。また火曜日の記者会見で、さまざまなメディアに無秩序に情報が広がると、本社からも混乱を指摘される。だから記者会見という言葉を避けて、都庁記者クラブの記者たちを守ってほしいということだろう」

こうして火曜日の記者会見は「都知事懇談会」という名称になった。これならば、仮に火曜日に他のメディアに抜かれても、懇談だからということで上司から叱責されることはない。こうして、徐々に都庁記者クラブの要求は叶えられていった。

だが、それでも安心できない記者クラブのメンバーたちは、第1回目の「懇談会」の火曜日、記者会見場の片隅に固まって様子を眺めるという念の入った対応を見せたのだ。

もちろん目的は、知事への取材ではない。「懇談会」でどのような話が出るか監視しに来たのだ。実際、彼らから質問が出ることは一切なかった。そして記者クラブの記者たちはその「懇談メモ」を上司に上げて、火曜日の仕事を終えたのだった。

あるのは面子と評価のみ

しょせん日本の記者たちは会社員である。だから、組織から言われたことについては唯々諾々と従ってしまう習性が身についてしまっている。この知事主催の記者会見の妨害行為を見ても、そこには自らの面子と上司からの評価しか考慮されていないことが見て取れる。そこに都民の姿はない。またジャーナリズムの精神など微塵も見えない。

会社が退職まで守ってくれるので、緊張感が欠如し、このような無責任な取材がまかり通ってしまっているのだろう。もとろん、社員ジャーナリストたちにも言い分はある。それは、あとでまとめて触れることにしよう。

しかし結局、ジャーナリストとしての仕事が満足にできなくても、海外のプレスのように解雇や契約解除の心配はない。ぬるま湯にどっぷり浸かり、横並びの護送船団方式で、自らの立場だけを守ることに汲々《きゆうきゆう》としている、それが記者クラブの現実だ。

ここ数年、一部の記者クラブが、オブザーバーという形での外部ジャーナリストの参加を認め始めている。

だが、それらはあくまでも、こうした批判を回避するための弥縫《びほう》策に過ぎない。質問ができないのならば、そもそも記者会見に行く意味がない。都庁広報の行っているオンライン中継を見ていれば済む話である。

妨害が生んだ喜劇

記者クラブが既得権益を守ろうとする様は実に見苦しい限りだ。アクセス権の妨害は、次のような喜劇も生んだ。

筆者の記事に対して、石原都知事側が不快感を示したことは何回もある。それによって取材依頼の許可が下りなかったこともある。だが、その時は「これこれの理由で、石原都知事は筆者の取材を拒んだ」と記事中に記すことができる。それで読者も「あぁ、都知事は、その件には答えたくなかったのだろう」と推測できる。

ところが、記者クラブ経由のインタビューだと、仮に石原知事が「答える」と言っても、都庁の記者クラブが「だめだ」となると読者への説明がつかない。その記事は、おそらく、都政ではなく記者クラブの問題について割かれることになるだろう。

記事とは無関係の記者クラブがアクセス権を妨害するからこういうことになるのだ。それは、情報を独占するよりもっと酷い所作であり、何十年間も続いている悪事とさえ言える。なぜなら、自分たちだけが情報を独占し、同業者の取材を妨害することで、本当に都民が知らなければならない情報を遮断する役割を担ってしまう可能性があるからだ。

さまざまな詭弁を弄して、記者クラブは同業者の参入を拒んできた。「記者クラブのルールを守らない」「報道協定は人命にかかわることもあるのでメンバー以外の参入は危険だ」という言い訳を作って排除してきた。

われわれは同じジャーナリストである。ルールを守る時は守るし、そうでない時はその通りだ。それは記者クラブに所属していようがいまいが関係ない。読者や視聴者にとって真に必要と思われる情報は、報じられるべきなのだ。それがジャーナリストの仕事なのである。

取材者を選ぶのは、権力側がすればいい。断じてそれは記者の仕事ではない。ジャーナリストは、公権力との健全な緊張関係を保って取材活動をすべきだ。

ちなみに筆者は、記者クラブが廃止されることを望んでいるわけではない。単に普通に開放されればいいと考えているだけである。

そろそろ醜い「談合」は止めて、情報や公権力へのアクセス権を公平に認めようではないか。自由に競争し、自由に報じればいい、それが、日本のメディアが、読者や視聴者からの信頼を回復する唯一の方策だと思う。

牢獄「キシャクラブ」

こう考える一方で、冒頭の秘書のエピソードのように、政治・行政など権力の側からしてみれば、記者クラブ制度ほど便利なものはないだろう。

記者クラブの記者たちは、いざとなったらその既得権益のために、雑誌やフリーなどの危険な記者たちを排除して、自分たちを守ってくれる、というのが権力側の認識だ。

実際に、雑誌などから好ましくない取材依頼が入った時、首相官邸や自民党は次のような手をよく使う。取材を拒否したい本心を隠しながら、政治家たちは決まってこう言うのである。

「私たちはみなさん（フリーなど）に取材に来てほしいんですけどね。記者クラブがねぇ……。とりあえず、記者クラブの許可をお願いします」

この言い訳は使える。実は秘書時代、筆者も使ったクチである。こうした二重構造によって、権力と記者クラブは持ちつ持たれつの関係にある。お互いに存在していたほうが都合がいいのだ。

当初は、高い志を持って記者になったジャーナリストたちは、記者クラブという腐ったシステムに毒され、徐々にその志を忘れてしまう。いつかは、と思いながら、結局、社内の出世競争や自身の生活のことを考え、そうした青いジャーナリズム論を敬遠するようになる。

朝から晩まで働いて、組織に抑えつけられて仕事をする記者たちこそ、記者クラブ制度の真の犠牲者なのかもしれない。常に会社の意向を気にして、横並びの記者クラブの中で同僚の動きを観察し、記者個人としての自由な意志を抑えつけている。

自由闊達で、好きなことを言い合えた米国の新聞の雰囲気を知ってしまった筆者には、日本の記者たちが気の毒に思えて仕方ない。「キシャクラブ」というがんじがらめの牢獄から、早く脱出できるよう願うのみである。

第五章

健全なジャーナリズムとは

第一節　アフガニスタン・ルール

ニューヨーク市民にとってのニューヨーク・タイムズ

米国のジャーナリズムには「アフガニスタン・ルール」という言葉がある。最初に使われだしたのは、約30年前の1979年のことだったという。

2000年夏、筆者はしばらくニューヨークに滞在して、連日、ニューヨーク・タイムズ本社に通った。アフガニスタン・ルールはその際に聞いた話だ。

現在はハドソン川沿いに移ったニューヨーク・タイムズの本社ビルだが、当時はまだタイムズスクエアの横に位置していた。決して派手ではないが、重厚な建築様式はタイムズスクエア界隈《かいわい》でも象徴的な建物のひとつであった。

実はそれも当然であった。そもそもタイムズスクエアの正式名称は「ニューヨーク・タイムズスクエア」、つまり、ニューヨーク・タイムズのビルがあったからこそ広場にその名が付いたのである。

このように長い間、タイムズはニューヨーク市民にとっての象徴であり、憧れでもあり続けた。

街にはニューヨーク・タイムズのTシャツやバッグを身につけている市民も少なくない。ビリー・ジョエルはその歌「ニューヨークの想い（New York State Of Mind）」の中で、ニューヨーク・タイムズに触れている。

これは、日本では考えられないことだ。少なくとも筆者は、「朝日新聞」と書かれたTシャツを着る若者を見たことがないし、「読売新聞」を歌い上げた曲を聴いたこともない。ヤンキースがそうであるように、タイムズもまたニューヨーク市民から愛され続けているのだ。

実際、ニューヨークの街で過ごしたその夏、筆者がニューヨーク・タイムズで働いていると知った途端の市民の変わりようには戸惑うばかりであった。頼みもしないのに、レストランではドリンクが勝手にサービスになり、ジャズ・バーでは特等席に案内され、ホテルの部屋はアップグレードされてしまう。

街の文化やレストランに対しても、厳しい批評で知られるニューヨーク・タイムズであるから、もちろん、その種の店側の気の遣いようは、ある程度差し引いて考えなくてはならない。

だが、それにしても、店の入口の額縁にタイムズに掲載された自らの紹介記事を飾っているレストランのなんと多いことか。タイムズはニューヨークの文化の一部になっているのである。

そのタイムズの現在の社主はザルツバーガーJr.である。彼と単独で会って、最上階のレセプションルームを案内された際、筆者はそのタイムズの伝統がニューヨークにとどまらず、米国の新聞ジャーナリズム全体の栄誉となっていることを知った。

壁にはこれまでにそこを訪れた世界中の著名人の写真が飾られている。エリザベス女王、ジョン・F・ケネディ、ゴルバチョフ――。そして、らせん階段で結ばれた食堂に続く長い廊下の壁には、過去のピュリッツァー賞受賞者の顔写真が並んでいる。すべてニューヨーク・タイムズの記者か、あるいは契約したジャーナリスト、カメラマンらの写真だ。

エイブ・ローゼンソール、ニール・シーハン、デイビッド・ハルバースタムなどの錚々《そうそう》たる顔ぶれ。デイビッド・サンガー、ニコラス・クリストフ、シェリル・ウーダンなど日本でもお馴染みの顔ぶれも並んでいる。米国のジャーナリズムの栄誉は、タイムズとともにあるといっても過言ではない。

過去、ジャーナリズム界の最高の栄冠でもあるピュリッツァー賞は、ニューヨーク・タイムズの頭上にもっとも多く輝いている。しかし、実はそれには理由がないわけではない。ピュリッツァー賞選考委員会はコロンビア大学内に設置されているが、その委員の多くはタイムズ出身者で占められてきた。まもなくコロンビア大学（ニューヨーク）に移籍するフレンチ氏もそのひとりといえる。タイムズは米国のジャーナリズムを牽引するのみならず、評価を定める側にも人員を多く輩出しているのだ。

ふたつの記事

前フリが長くなったが、話をアフガニスタン・ルールに戻そう。これはタイムズ本社に通っていた夏、本社の記者たちに聞いた話だ。

1980年頃、ニューヨーク・タイムズとコロンビア大学では大いなる論争が起こっていた。1979年からのアフガニスタン戦争で、多くの記者が現地入りし、素晴らしい記事をいくつも出稿していた。政権の中枢に迫り、容赦ない筆致でもってアフガン政府や反政府軍の内部情報を伝えていた。それはタイムズ内でも高い評価を得、自然、ピュリッツァー賞に推す声が大きくなってきたという。

一方で同年、メトロセクションでも評判を呼ぶ連載キャンペーンが始まっていた。ニューヨークのある消防署の不正経費支出疑惑を追及する一連の記事に対しては、さまざまな論議を呼んだ。市民の反応は大きく、取材先からは大きな反発があり、訴訟も含めた激しい応酬が当局との間で起こったという。

このふたつの記事については、タイムズ内でもどちらが優れているかと話題になった。そうしたジャーナリスティックな論争は、のちにアフガニスタン・ルールと呼ばれる次のような結論でもって終止符が打たれる。

メディア界では、アフガニスタンの記事のほうが圧倒的に高い評価を受けていた。世界的にもそうだ。ところが、ニューヨーク市民の関心はそれほどでもない。むしろ、読者からは消防署の記事のほうがずっと人気があった。その温度差にタイムズ編集部は次のような結論を導く。

アフガニスタンの記事は確かに優れてはいる。だが、おそらくアフガニスタン当地では誰も読んでいないだろう。アフガンでは英語を理解する人々は確かにいるが、それはごく一部の限られたエリート層であり、そもそもそうした政府要人たちはみな戦闘中である。自国の新聞はおろか、米国の地方紙であるニューヨーク・タイムズを手に入れて目を通す暇などない。当然ながら、タイムズに対する反発は皆無であり、検証も不可能だ。

ところが消防署の記事は違う。些細《ささい》な事例まですべての市民が知悉《ちしつ》していることであり、実に多くの読者や当事者たちが共通認識でもって記事の細部まで読んでいる。当然、わずかなミスに対しても多くの反論が寄せられ、毎回さまざまな論争の材料を提供し続けた。確かに世界的な影響はなかったかもしれないが、現在進行形の身近な現象を切り取ることの困難さと重要性を知らせるに十分な記事だった。

こうしてタイムズ内ではアフガニスタン・ルールという次のような評価基準が定まる。

遠い外国の政府の記事は言語の違いなどから反論されにくく、また検証も困難なため、厳しい論調で書かれやすい。同じ理屈で、過去の出来事は現在進行形のものよりも、すでに情報源が存在しないことや再検証が難しいなどの理由で大胆に書かれやすい。また、読者や新聞の発行地から遠く離れれば離れるほど、関心も薄まり、検証も難しくなるため自由な筆致で書かれやすい。

これらの現象から、最終的な編集権を持つニューヨーク本社から離れれば離れるほど、比較的取材は易く、取材対象に対しても厳しい記事になる傾向があるということを知ったという。逆に言えば、アフガニスタン・ルールとは、取材対象が新聞発行地に近ければ近いほど、取材や記事執筆に困難が伴うということをいうのである。

ここまでの話はタイムズ本社で過ごした際、複数の人物から聞いた話なので、若干、事実関係にブレがあるかもしれない。だが趣旨は記した通りである。

つまり、彼らの到達した結論は、一見大事に見えるアフガン戦争の記事も、卑近なニューヨークの消防署の記事も、それぞれが困難を伴って同じように苦労をもって取材し書かれたものであり、ともに敬意を払うべきものなのだ、ということなのである。

メモワール文学の大流行

翻って、残念ながら、日本のジャーナリズムではそうした論争を聞いたことがない。すでに30年前、米国で話し合われたような内容にすら到達していない。地政学的、言語学的な障壁に守られて、安全な世界に引き籠もっているのが、日本のジャーナリズムなのだ。とりわけ、世界でほとんど通用しない日本語という「障壁」に守られているのは大きい。

とくに新聞、雑誌などの活字媒体の中には、世界の現状を無視したジャーナリストが蔓延り、我が物顔で狭い世界を支配している。それゆえ、世界のジャーナリズムの基準からしても、あまりに粗雑で、酷い記事や作品が、なぜか高い評価をなされるといった逆転現象がまかり通っているのだ。

その結果、ロシアやアフガニスタンなどの海外の事象をテーマにした記事が尊ばれたり、半世紀も昔の話をテーマにした記事が重宝がられたりしている。若い記者たちはますますそうした検証不能な記事を選択する傾向にある。批判精神の欠如した日本独自の「スポーツジャーナリズム」に流れるのも同様な精神の表れである。

そうした傾向に拍車をかけているのは、実は他ならぬ日本のメディア自身だということには一向に気づかない。

とりわけ、自身の体験談を書くメモワール文学を高く評価する昨今の傾向は、ジャーナリズムの自殺行為ともいうべきものである。自身の特異な体験を作品にするのはどこの国でもある。ただしそれは、エッセイやメモワールと称して、ジャーナリズムとは明確に峻別されている。ピュリッツァー賞でもそうした部門はジャーナリズムとは別に設けられている。

海外では、佐藤優氏、田中森一氏、山本譲司氏らの作品がジャーナリズムの仕事として評価されることは絶対ないだろう。なぜならば、仮にそれが許されれば、若い記者たちはみな仕事を辞めて、一旦別の職業に就き、その体験談を本にまとめればいいだけの話だからだ。

現在を切り取ることこそ本来の仕事

こうした一方で、不断に国内の事象を、自らの取材によって描くというジャーナリズム本来の仕事をしている記者たちへの評価は格段に低い。もっとも反発の強い現政権への批判記事などは安っぽいとして片付けられる。仮に検証に堪えられるものであっても同様だ。

現政府への批判に対しては、下駄を履かせてでも高い評価を与える米国ジャーナリズムとは雲泥の差である。ピュリッツァー賞が国内部門、海外部門などいくつもの部門に分かれているのにはこうした理由がある。

全世界的に使用される言語で、比較的検証が容易い英語ですらそうなのだ。それと比して、世界の国々の中でほとんど誰も使わないのが日本語で、その言語で書かれた新聞記事や著書は検証される機会がない。おそらく書かれた当事者たちですら読んではいないだろう。

また、日本のジャーナリズムは、関係者のほとんどが死んでしまった過去の記事や作品を高く評価する傾向にある。それも世界的に見れば極めて奇妙なことだ。

海外では、現在を切り取ることこそジャーナリズム本来の仕事という認識がある。過去の分析は学者の仕事、専門家、研究者に任せればいい、そういった姿勢で一貫している。

そもそも、死んでしまった人間が情報源となるような記事を書いて、一体どうやって検証するというのだろうか。それを評価し、正しいと判断するのは神の業以外の何ものでもない。

政治取材をし、権力報道を繰り返しながら、筆者はいつも感じていることがある。自分の生まれ育った国の政府を批判することがどれほど大変か、その現実に一体どれほどの同業者たちが気づいているのだろうか、ということだ。先日もジャーナリストの山村明義氏にこう言われた。

「いいよね、安倍政権批判は楽で。こっちは中国政府相手だから大変だよ」

公明党ものなど数々の権力報道を行ってきた山村氏でさえ、この程度の認識なのだ。他の記者は推して知るべしである。

もしこれが米国だったら、同業者であるジャーナリストに対して、こんな不満を持つこともなかっただろう。そもそもジャーナリストの仕事は、究極的には権力監視であり、現在を切り取る作業だ。それによって、同時代に生きる国民（読者や視聴者）に、権力内部で起きている不正や真実を知らせることが初めて可能なのだ。

だが、こうした苦しい仕事は軽視され、島国根性丸出しの、憧れの遠い異国を取り上げた検証不能な記事を、何の疑問を抱くこともなく喜んで受け入れている。
哀しいかな、それが日本のジャーナリズムの現実なのである。

第二節　過ちを認めない新聞

誤報を隠す悪しき体質

現在の日本にあって、新聞記者ほど、他人のミスに厳しく、逆に自らの過ちに甘い種族はいないのではないかと思う。ミスを犯すことが悪いのではない。間違いを犯した時にその間違いを認めない姿勢が悪いと言いたいのだ。

かつて日本ではそうした人種の代表格は政治家であり、あるいはまた役人であった。だが時代が移り変わり、そうした無謬主義と隠蔽主義は、ほとんど通用しなくなっている。ところが、本来もっとも正直であるべき職業である新聞記者だけがその変化に気づかないようだ。

立花隆氏がその著書『アメリカジャーナリズム報告』で、ワシントン・ポストのベン・ブラッドリー編集主幹（当時）の「新聞は過ちを犯す。しかも何度でも犯す」という言葉を紹介し、誤報を隠そうとする日本の新聞の悪しき体質を批判したのは25年も前のことだ。

月日は経った。その間、政治家は、週刊誌などによる徹底したスキャンダル報道から逃れられないことを悟り、随分と正直になった。役人もまた、週刊誌などが先行した大蔵省（現・財務省）、外務省などの不正暴露のキャンペーン記事によって、それまでの体質からの脱却を余儀なくされつつある。

ところが、ひとり新聞だけが、他者から批判されることのないのをいいことに、旧態依然とした体質のままであり続けようとしている。異業種の失敗には鬼の首を取ったかのように厳しいのに、同業他社、つまり新聞メディアのミスについては目を瞑る。唯一残った護送船団方式、それがメディア業界だ。だがその馴れ合いもいよいよ限界にきたようだ。

ただ、その現状に気づき、謙虚になろうとする政治記者はいないこともない。毎日新聞の岩見隆夫氏がそのコラム「近聞遠見」（2008年6月28日付）の中で、自らの前々回のコラムを訂正・検証し、素直に謝罪したのはこれまであまり見られない傾向だった。ちなみにその訂正内容とは、永田町の常識ともなっていた「憲法前文事件」のことだ。

2005年、自民党の新憲法起草委員会は、中曽根康弘元首相の作った新憲法草案前文を復古調だとして差し替えた。それは今まで小泉首相（当時）の「鶴の一声」があったからだと伝えられていた。永田町ではそれ以来、中曽根氏と小泉氏の確執が生じたともされている。

ところが今回この話を書いた岩見氏に対して、小泉氏が電話を入れて否定したことで、コラムでの訂正に繋がった。老政治記者のこの正直さは必ず読者からの信頼を勝ち取ることになるのではないか。

「それは違うな。誤報を飛ばしたら永遠に読者は逃げていく」

この10年あまり、私がこう主張するたびに、必ず日本の記者たちはこのように反論してきた。今回の岩見氏の訂正に関しても同様だ。

だが、再度反論しよう。断じてそのようなことはない。そうした考えこそが読者を貶めている。その理由は海外の新聞との比較で容易に説明できる。

訂正欄で原因まで徹底的に検証

海外の新聞は違う。自らの過ちに対して極めて正直であろうとしている。いや正直でなければ記者は生き残れないシステムを、新聞自身が構築しているといっても過言ではない。

1970年代以降、ニューヨーク・タイムズやワシントン・ポストは、「訂正（correction）欄」を確立、同欄を充実させてきた。他の海外の新聞の多くもそれを見習って採用しているが、残念ながら、日本では一切見当たらない。

訂正欄は、日本の新聞の小さなそれと違って、毎日約1ページにもわたって、過去の記事の誤報について仔細に検証するスタイルだ。「過ちは率直に認め、迅速に訂正し、詳細にその原因を報じる」（ニューヨーク・タイムズ）という姿勢の通り、そのやり方は実に誠実だ。まずどの記事が間違いであったかを提示し、正しい情報を読者に知らせる。ここまでは日本の新聞と同じだが、違うのはそこからだ。

なぜ間違いを犯したのか、原因はどこにあったのか、その理由は避けられないものだったのか——、そうしたことを徹底的に検証した上で、記者のミスならば率直に謝罪し、別の理由、たとえば政府が故意に虚偽の情報を流していたという類《たぐい》のものであるならば、新事実を改めて掲載した上で訂正欄に記すのだ。

そのため、1日何件という「訂正」がコレクション欄を埋めることになる。ときには別の一面を使って誤報を検証することもある。これらは日本の新聞が絶対にやらないことだ。

ニューヨーク・タイムズのイラク報道検証

最近のニューヨーク・タイムズで最大の「訂正」はなんといっても一連のイラク報道に対するものだろう。

大量破壊兵器が発見されず、どうやらイラク戦争の大義はなかったのだとわかった時、ニューヨーク・タイムズは1面トップで、自らの過ちを宣言し、検証キャンペーンを始めることを告知したのだ。

それから連日のように、タイムズはなぜイラク報道で間違いを記したのかを報じた。そのために検証チームを立ち上げ、結果として誤報を書いたジュディス・ミラー記者や当時の編集局長へのインタビューも掲載した。同僚記者に問い詰められるミラー記者の当惑ぶりが記事を通して伝わる。彼女と検証を担当した記者との攻防はある意味凄《すご》みがあった。

この検証訂正記事を境に、ブッシュ米大統領の対テロ戦争を支持していたタイムズは一転、反イラク戦争の急先鋒《きゅうせんぽう》に立ったのだ。

過ちを認めるこうした健全さは、場合によっては誤解を招く。実際、日本の新聞のワシントン特派員のひとりは筆者にこう語った。

「米国の新聞は間違えすぎだ。取材が甘いんじゃないか」

確かにそういった面も否定できない。実際にニューヨーク・タイムズで記事を作る現場で働いた者として、日本のメディアのほうがウラ取り作業は丁寧だと感じたことが多々ある。タイムズでは、一般記事でのコメントは基本的にそのまま掲載する。だからコメントが間違っていても、チェックできないことが多いのだ。

しかしこれには理由がある。コメントの「カギ括弧」の中は、発言者の了解を得ずして勝手に手を入れてはいけないというルールがあるのだ。だから、明らかに事実関係が間違っていても、そのまま使用し、地の文で事実関係を補うのである。

だが、それにしても、訂正の多さは目に余るようだ。実は筆者自身もタイムズで働き始めたばかりの頃、あまりの訂正の多さに「これだけ間違いが多いとさすがに新聞としての信頼性を損ねはしまいか」と尋ねたことがある。その際、フレンチ支局長はこう返した。

「確かに、私自身もミスを隠したいという衝動に駆られたことはある。実際そういった誘惑と闘うことはとても難しいことだ。しかし、私たちはジャーナリストだ。ジャーナリストであるならばそうした誘惑には克《か》たなければならない。私はミスを嫌う。しかしもっと忌み嫌うべきはそうしたミスを隠そうとする誘惑に負けることだ」

ジャーナリストの仕事は、隠蔽の誘惑と闘うことではなく、読者や視聴者にどれだけ良質な情報を提示できるかということに尽きる。仕事以外の余計なことにエネルギーを使うのではなく、その分、取材や執筆に力を注ぐべきだ。ニューヨーク・タイムズが多くのミスを許すのも、そうした考え方が根底にあるからだろう。私自身タイムズのそうした風土に触れて、ミスを犯さないことよりも、ミスを認める勇気を獲得してきたように思う。実際、拙著『小泉の勝利メディアの敗北』（草思社）は、筆者自身の記事を俎上に載せ、ミスを自己検証し批判を加えた内容の本だ。ある書評では「現代の奇書」と評されたが、実は海外では当たり前のことなのである。

とにかく、読者が許さないのは、新聞がそうした過ちに対して正直でなくなった時のことだ。

ジェイソン・ブレア事件の衝撃

ニューヨーク・タイムズにとって、ジェイソン・ブレア事件は、150年間の伝統をすべて破壊するほど衝撃的なものだった。

ブレア元記者は、当時タイムズの若手スター記者のひとり、正確にはスター記者の卵といったほうがいいのかもしれない。若くて聡明な黒人男性、独身であるためにいつでもどこでも取材に飛び出していける、といったような点が編集主幹のハウエル・レインズ（当時）の目に留まった。

レインズ体制になってからのタイムズは、明らかに活力を取り戻し始めていた。レインズが編集主幹に就任した2001年は、筆者もタイムズに所属していた時期だったので、その「衝撃」をよく覚えている。

レインズは就任早々、実力重視、若手重視といった観点から、次々とベテラン記者を解雇していった（一部は辞職）。その代わりに彼は、スター記者養成を念頭に、次々と有能な若い記者をかき集める。ブレアもそうしたスター記者候補のひとりであった。

いきなりの世代交代だったが、総じて当時の特派員たちからは好意的に受け止められていたように思う。実際、就任直後の「9・11」の報道では、ピュリッツァー賞7部門を制覇、社内外に新体制を印象づけた。

だが、その頃、すでに愛弟子のひとりであったブレア元記者はとんでもないことをしでかしていた。過度な期待にプレッシャーを受けていたのだろう、40本近い記事を、捏造や盗作によって仕上げていたのだ。捏造や盗作はジャーナリズムにとって致命傷となる。米国ジャーナリズムの最高峰を自負しているタイムズにとってはなおさらのことだった。

ブレアの捏造が発覚した2003年、タイムズに走った衝撃は計り知れないものだった。

「終わりかもしれない。タイムズはどうなるのだろう」

東京支局の特派員の間で交わされたこの会話が事態の深刻さを表していた。

タイムズはブレアの捏造・盗用を確認すると即日、彼を懲戒解雇、編集主幹のレインズも結果的にタイムズから去ることになる。

ただ、ここで注目したいのは事件発覚後のタイムズの対応である。のちほど述べる朝日新聞などの日本のメディアの対応との違いは、まさしくこの点で際立っている。

ブレアの辞職からわずか10日後、ニューヨーク・タイムズはその1面トップで、「ジェイソン・ブレア元記者の欺きの軌跡を追う」と題した検証記事を掲載した。(CORRECTING THE RECORD；Times Reporter Who Resigned Leaves Long Trail of Deception./May 11, 2003)

この検証記事は、1面のみならず全4ページにわたって掲載され、実に7397ワードに及ぶ、詳細かつ徹底したものであった。記事では、ブレアの捏造・盗作記事を明らかにし、訂正するのみならず、なぜタイムズが彼に欺かれ続けたのかの過程を、またブレアの存在を許してきた編集部内の体質、チェック機能にまで踏み込んで検証されている。記事は、ニューヨーク・タイムズの現役記者5人を中心とした「調査チーム」によって、約1週間に及ぶ調査・取材を元に執筆された。

同記事発表後も、調査チームは新事実が出るたびに取材結果を発表し、それはレインズ編集主幹の辞職まで繰り返された。

ブレアの存在を許したことはタイムズにとって歴史的汚点に違いない。だが他のメディアが批判を開始する前に、自らその腐敗を認め、編集局一丸となって調査取材を行い、検証記事によって読者に誠意を見せたことでタイムズは危機を脱する。徹底的に過ちを認め、再発防止を約束したことで、読者はすぐに戻ってきたのである。

実は、こうやって率直に過ちを認めることは意外な効果ももたらしている。たとえばコレクション欄などで常に検証を繰り返していることで、そうでない他の記事の正確性を裏付ける結果にも繋がっているのだ。

確かに、ジェイソン・ブレア事件で一旦は売り上げを落としたタイムズだったが、検証記事の後は、再び売り上げを伸ばしている。さらに信頼度調査では、タイムズへの信頼度の数字は逆に上向いたのである。

つまり、読者からしてみれば、新聞が過ちを犯すかどうかが問題ではなく、その過ちを率直に認めるかどうかが重要だったのだ。

同様の理由で、日々タイムズを愛読している者からしてみれば、訂正欄に載らなかった記事は、かなりの頻度で正確だと認めることができる。実は、連日そうした「訂正」があることで、少なくともニューヨーク・タイムズの読者は、新聞はいつも間違いを犯すものだという認識に到達している。仮に、幼い頃からこうした新聞に触れていたとしたら、それは、極めて効果的なメディアリテラシーとなるだろう。

不可解だった日本のNHK番組改変報道の対応

一方で、日本の新聞はどうだろうか。記憶に新しいのは、朝日新聞によるNHK番組改変問題の報道、及びその後の対応である。

実はこの件については、筆者は当初から浅からずかかわっている。その間、少なからず感じていた疑問は、事後、朝日新聞の取った対応に触れてさらに強まった。それはニューヨーク・タイムズなどの海外の新聞との比較、及びジャーナリズムの観点から見ても、どうしても不誠実という印象を拭えない。

発端は、2005年1月12日付の朝日新聞朝刊の記事だった。朝日新聞社会部記者の本田雅和氏が、〈NHK番組改変　安倍・中川氏が圧力〉という記事を書いたことに始まった。

本旨から外れるので、ここではその番組そのものには触れない。興味があれば、『検証　日本の組織ジャーナリズム――NHKと朝日新聞』（川﨑泰資・柴田鉄治著／岩波書店）に詳しいのでそちらを参照してほしい。

さて問題の記事の内容は、NHK教育テレビの特集番組「戦争をどう裁くか」の放映前に、安倍晋三・中川昭一の両自民党議員が、国会にNHK幹部を呼びつけて、「改変」を求めたというものだった。これが本当ならば、確かに権力からメディアに対する不当な圧力であり、スクープ記事ともいえる。

ところが、その記事が掲載された翌日、NHKの長井暁《さとる》チーフプロデューサーの記者会見に出席した筆者は、どうしてもその不自然さに納得がいかなかった。

会見の質疑応答の冒頭、ひとりの記者が立ち上がり、これまでの経緯、政治家からNHKにかかったとされる圧力の中身を「説明」し始めたのだ。それは実際、「説明」と呼ぶにふさわしいものであった。それが「説明」ではなく、「質問」であったことは、当の長井氏がマイクを握り「今のご質問にお答えします」と語って初めて筆者も気づいたくらいだ。

筆者は、あまりに露骨な誘導質問に疑問を感じ、その会見の場で不可解な点をいくつか質問した。だが、長井氏からは明確な回答を得られなかった。ただ長井氏の曖昧な答えから、どうやら彼も直接、政治圧力については見たわけではない、つまり伝聞だったということは確認できたのだ。そしてまた、「質問」をした記者が、実は前日の朝日新聞の記事を書いた本田記者だということも判明し、何かしらその記者会見が芝居がかったものであることを感じたものだった。また、会見に出席していたジャーナリストの魚住昭氏も隣に座った筆者に対して、NHKの告発者と本田記者を擁護するような記事を書くべきだという発言をし、さらに疑いに拍車がかかった。

そこで不審に思った筆者は、会見後、その足で永田町に向かい、安倍、中川両事務所の面会記録を確認することにしたのである（安倍事務所は拒否）。調べ始めてすぐ、驚くべき事実を発見した。

衆議院事務局、及び中川事務所の面会票と面会記録を調べた結果、NHK幹部に圧力をかけたとされる2001年1月27日に、中川氏は国会にはいなかったということがわかったのだ。さらに念のため、自民党、衆議院院内、首相官邸など他の面会可能な場所も調べたがやはり同様だった（この件は直後、魚住氏にも伝えた）。

さらに翌日、NHK幹部と中川氏の面会日は2月2日、つまり放送後だったということが筆者の元に知らされたのである。

こうなると事前に会っている安倍氏はともかくとして、中川氏に関しては誤報の気配が濃厚となる。私は取材の矛先を中川、安倍両氏から朝日新聞、とりわけ本田記者に変えた。

ところが朝日新聞は一貫して取材を拒否、しかも一方的に記者会見だけを開き、本田氏を隠し、「記事には一切間違いはない」と強弁を張り続けたのだ。

最後まで誤報を認めなかった朝日新聞

だが、「一切間違いはない」と言いながらも、朝日新聞のその後の対応はまったく納得できないものだった。なぜなら正しいはずのその記事に対して、なぜか「検証チーム」を作り、自ら本田記者らの取材過程を追跡し始めたからだ。

検証記事は、半年後の2005年7月になってようやく紙面に掲載された。だが相変わらず誤報は認めず、取材が不十分だったということだけを認めたに過ぎなかった。

これは大いなる欺瞞であった。安倍氏からの政治圧力の有無はまだしも、少なくとも中川氏に関しては、本田記者がその記事に書いたような直接面会しての圧力は、誰が考えても物理的に不可能だったからだ。それは取材が不十分なだけではなく、明らかに誤報といえるものだ。だがそれでも朝日新聞は謝らない。

そこで筆者は、自身がキャスターを務める報道生番組「ニュースの深層」（朝日ニュースター／

朝日新聞）に、中川農林水産大臣（当時）を直接呼んで、当時の記事について反論してもらったのだ。

「私は、事実関係を挙げて圧力はなかったと証明しているのに、朝日新聞は訂正も反論もしないままです。記事を書いた記者も、まぁ、武士の情ですから、ここではお名前を申し上げませんが、一切出てこないで逃げ回っているじゃないですか。朝日新聞社はなぜ彼を守るんですか。もちろん健全な者は守るべきだ。だが卑怯な人間を守ったら組織がもたないだろう」

中川氏の言う通り、まさしく朝日新聞が守ろうとしていたのは、守らなくてもいいものだった。仮にこれが米国の新聞社だったら、その記者は自ら説明責任を果たさなくてはならないだろう。仮にそれができないというのならば、単に社を去るだけだ。

それがジャーナリズムを生業《なりわい》にしている者の宿命であるし、当然の責務である。日本でもフリーランスのジャーナリストだったら、おそらくペンを折らざるを得ない事態だ。

過ちは過ちである。いくら特定の政治家が憎かろうと、虚偽の事実に拠って記事を書いてはいけない。それはもはやジャーナリストの仕事ではなく、政治活動の領域に入ってしまっている。

つまり本田雅和記者も、政治目的のために「大連立」を模索した渡邉恒雄読売会長と逆の意味で、同じプレイヤーとなってしまったのだ。

そしてもっと問題なのは、そうした事実を確認しながら、読者に対して謝罪できなかった朝日新聞の体質だ。新聞はひとりの記者のためにあるのではない。一部130円（朝日朝刊）を払って読んでいるすべての読者のためにあるのだ。それを忘れてはならないだろう。

日本の新聞はそろそろ、読者への無意味な無謬主義を標榜して、こうした過ちを糊塗《こと》することを止めるべきではないか。

新聞は間違いを犯すたびに同じような対応を繰り返してきた。まずはミスを隠そうと試みる。それがかなわないとなると、別の記事でごまかそうとする。それでもバレてしまいそうな場合はできるだけ目立たないようにできるだけ小さく訂正記事を載せる。たとえ1面で大きく扱っても、訂正は3面の隅に小さく載せる。これで運が良ければ読者に気づかれない――。それが誤報における日本の新聞のモットーである。

第三節　日本新聞協会の見解

以下は、日本のジャーナリズム、とくに記者クラブを中心とした諸問題に対する、日本新聞協会の見解である（抜粋）。筆者の一方的な批判ばかりだとフェアとはいえないので、反論を載せておこう。

日本新聞協会編集委員会は、昨年（1995年）、オフレコ取材内容が外部のメディアなどに流れ、問題となったことから、オフレコ取材のあり方を再検討し、同問題に対する見解をまとめ、その基本原則を確認した。

最近、閣僚や政府高官などの取材をめぐり、いわゆるオフレコの扱いが相次いで問題となり、とくに昨年末、江藤元総務庁長官のオフレコ発言の一部が外部の他メディアなどに漏らされたことは、取材記者の倫理的見地から極めて遺憾である。オフレコ（オフ・ザ・レコード）は、ニュースソース（取材源）側と取材記者側が相互に確認し、納得したうえで、外部に漏らさないことなど、一定の条件のもとに情報の提供を受ける取材方法で、取材源を相手の承諾なしに明らかにしない「取材源の秘匿」、取材上知り得た秘密を保持する「記者の証言拒絶権」と同次元のものであり、その約束には破られてはならない道義的責任がある。

新聞・報道機関の取材活動は、もとより国民・読者の知る権利にこたえることを使命としている。オフレコ取材は、真実や事実の深層、実態に迫り、その背景を正確に把握するための有効な手法で、結果として国民の知る権利にこたえうる重要な手段である。ただし、これは乱用されてはならず、ニュースソース側に不当な選択権を与え、国民の知る権利を制約・制限する結果を招く安易なオフレコ取材は厳に慎むべきである。

日本新聞協会編集委員会は、今回の事態を重く受けとめ、右記のオフレコ取材の基本原則を再確認するとともに、国民の知る権利にこたえるため、今後とも取材・報道の一層の充実に力を注ぐことを申し合わせる。

*江藤長官オフレコ発言とは、宝珠山《ほうしゅやま》防衛施設庁長官の植民地発言に絡んで、「村山首相は頭が悪い」と記者との懇談で発言。それが週刊誌（『週刊文春』）に報じられ、辞任を余儀なくされた騒動のこと。

米国のジャーナリズムでは公人については原則オフレコ取材は認めていない。これはニューヨーク・タイムズ時代、筆者のもっとも苦労したことのひとつだ。

たとえば、森政権の際、自民党若手議員から、良質のコメントをたくさん拾い集めたことがあった。ところが記事になった際の影響を気にして、誰ひとり氏名を出すことを認めてくれない。仕方なしに東京支局に戻り、匿名コメントとして支局長にデータを送った。

「確かに内容は素晴らしい。だが政治家の場合、実名以外は使用できない。それがタイムズのルールだ」

こうして再び筆者は永田町に戻る羽目になった。結局、誰ひとり、氏名の掲載を許してもらえず、この日の取材は完全に無駄足となった。

その時に、日本人スタッフのひとりが教えてくれたのが、ワシントン・ポストのブラッドリー編集主幹とキッシンジャー国務長官（ともに当時）の「戦い」である。ベトナム戦争当時、ワシントン・ポストの国務省担当記者が、キッシンジャーから国務省に関する機密情報を教えてもらった。だが、記事にするには条件が付帯されている。それはソースがキッシンジャーであることを伏せるというものであった。

当時のワシントン・ポストではすでに公人のクレジットについては、明確にすべしという指針が存在していた。ブラッドリーは掲載すべきかどうか悩む。情報はのどから手が出るほど欲しいものだが、なにしろウラが取れない。しかし発言者は国務省のトップで当事者である国務長官だ。ブラッドリーはその記者をキッシンジャーの元に行かせ、氏名の掲載許可を求めた。

ところがキッシンジャーは頑として許可をしない。怒り狂ってその記者を罵倒したという。

だが記者も引き下がるわけにはいかない。粘りに粘った末に引き出した条件が、「政府高官」というクレジットならばいいというものであった。

だが、それでもブラッドリー編集主幹は納得がいかない。そこで自らもう一度交渉を試みるが、キッシンジャーの提示条件は変わらなかった。

ついにブラッドリーは「政府高官」での掲載を認める。記事中のソースはすべて政府高官の情報によると、と書かれている。キッシンジャーの氏名は約束通り、一切使用されていない。ただ、記事中にはひとりの男の写真が掲載されていた。そのキャプションには「政府高官」とあり、写真はキッシンジャーのものだった。

これが米国のジャーナリズムだ。

次に、記者クラブについての日本新聞協会の「見解」を抜粋して並べてみよう。

記者クラブは、公的機関などを継続的に取材するジャーナリストたちによって構成される「取材・報道のための自主的な組織」です。

日本の報道界は、情報開示に消極的な公的機関に対して、記者クラブという形で結集して公開を迫ってきた歴史があります。記者クラブは、言論・報道の自由を求め日本の報道界が一世紀以上かけて培ってきた組織・制度なのです。国民の「知る権利」と密接にかかわる記者クラブの目的は、現代においても変わりはありません。

記者クラブ制度には、公的機関などが保有する情報へのアクセスを容易にするという側面もあります。その結果、迅速・的確な報道が可能になり、さらにそれを手掛かりに、より深い取材や報道を行うことができるのです。

記者クラブは、「開かれた存在」であるべきです。日本新聞協会には国内の新聞社・通信社・放送局の多くが加わっています。記者クラブは、こうした日本新聞協会加盟社とこれに準ずる報道機関から派遣された記者などで構成されます。外国報道機関に対しても開かれており、現に外国報道機関の記者が加入するクラブは増えつつあります。

記者クラブが「取材・報道のための自主的な組織」である以上、それを構成する者はまず、報道という公共的な目的を共有していなければなりません。記者クラブの運営に、一定の責任を負うことも求められます。

重ねて強調しておきたいのは、記者クラブは公権力に情報公開を迫る組織として誕生した歴史があるということである。インターネットの普及が著しい現在、公的機関のホームページ上での広報が増え、これに対して電子メールなどを通じた質疑・取材が多用されるようになり、公的機関内に常駐する機会が少なくなることも今後は予想される。だがその結果、記者やメディアが分断され、共同して当局に情報公開を迫るなどの力がそがれる危険性もある。そうした意味でも記者クラブの今日的な意義は依然大きいものがある。

ほとんどブラックユーモアと見紛《みまが》うほどである。EUは繰り返し、日本の記者クラブに公平な扱いと自国の記者たちへの開放を要求している。この「見解」通りであるならば、即実行されてしかるべきだが、まだ現実はそうはなってはいない。

日本の記者ですら排除している記者クラブが、外国人に平等な権利を与えるとはとても思えない。だが、時代は記者クラブにも変わらざるを得ない状況を突きつけている。そう思いながら、最後に見つけた期待すべき一文を紹介しよう。

また、報道活動に長く携わり一定の実績を有するジャーナリストにも、門戸は開かれるべきだろう。

この夏、さっそく内閣記者会に申請をしてみようと思う。

＊これらの引用は〈記者クラブに関する日本新聞協会編集委員会の見解２００２年（平成14年）１月17日第６１０回編集委員会　２００６年（平成18年）３月９日第６５６回編集委員会一部改定〉に拠《よ》った。

エピローグ

２００８年５月、アフリカが横浜に集結した。第４回アフリカ開発会議（ＴＩＣＡＤ・Ⅳ）は、３日間の日程で横浜・みなとみらいで開催された。久しぶりの国際会議の取材に心を躍らせて、連日、みなとみらい線で会場のパシフィコ横浜に通った。

筆者が、アフリカの危機を初めて認識したのは１９８５年、高校生の頃だった。当時、エチオピアで発生した飢饉《ききん》は、人類史上最悪ともいわれ、すでにその悲惨な状況は数年間続いていた。

その頃、日本では深夜の音楽番組「ベストヒットＵＳＡ」が人気を博していた。その「ベストヒットＵＳＡ」で、ある夜、ロンドンで催されたチャリティー・ライブの映像が流れる。バンド名は「バンド・エイド」。番組司会の小林克也氏が興奮してその錚々たるメンバーを紹介している。ボブ・ゲルドフ（ブームタウン・ラッツ）、ボノ（Ｕ２）、ジョージ・マイケル（ワム！）、フレディ・マーキュリー（クイーン）、スティング（ポリス）……。アフリカ救済のために、特別結成されたスーパーバンドであった。

筆者もつられて興奮し、テレビ画面から流れるほとんど理解のできない英語の歌詞に聞き入っていた。

TICADには、その中心メンバーであったボノもやってくるという。福田首相と会い、記者会見の予定もある。アフリカについて、一体ボノは何を語るのか、実はそれも取材の楽しみのひとつであった。

ところが、いざアフリカ開発会議に出席するや、怒りの時間を過ごすことになる。フリーランスの筆者は、モニタリンググルームに閉じ込められ、会議を取材できないばかりか、アフリカの首脳たちと接触する機会すらないというのだ。相変わらずの外務省の対応にはまったく腹が立つばかりである。

だが、東京から30分程度で来られる筆者はまだいい。同情を禁じ得ないのは、遥か遠くから、24時間以上もかけてやってきたアフリカのジャーナリストたちだ。

彼らも筆者と同様にモニタリンググルームに閉じ込められ、見たくもない森喜朗議長代理の顔や、聞きたくもない他国の首脳の演説ばかりを見せつけられていたのだ。

エチオピアから来たジャーナリストは明らかに不満な様子だった。

「自国の大統領の様子を知りたいのに、モニターには一向に映らない――」

隣の会場で開かれているアフリカン・フェアで一緒に食事をしていると、こうこぼしたのだ。私は俄然《がぜん》、戦う気になった。最終日の3日目にして、すでに会議を仕切っていた外務省への怒りは頂点に達していた。

共同記者会見が始まる前、閉会式から締め出されていたアフリカ人ジャーナリストたち約15人の先頭に立ち、私は、記者会見会場に案内するよう外務省職員に詰め寄ったのだ。TICAD事務局はのらりくらりでまったく要領を得なかった。強く言わなければ、前2日間と同じように放っておかれ、結局、記者会見にも出られないままになるかもしれない。そうした事態を恐れて、代弁者としての役を買って出たのだ。

「ありがとう」

会場に向かうアフリカのジャーナリストたちの列の中で、ナミビア人の記者からこう声をかけられた。嬉しいところだが、どうも釈然としない。理由はすぐに判明した。外務省記者クラブの面々の姿が見えないのだ。不安に思いながら、記者会見場の椅子をキープして、開始時間を待った。

福田首相らが登場する直前、日本人記者たちが一斉にどこからか現れた。彼らが手際よく出入口付近の椅子に座ると、共同記者会見が始まった。実は、この直前、筆者は知り合いの日本人記者から笑いながらこう告げられていた。

「もしかして、質問をしようと企《たくら》んでいちばん前の席に陣取ったんだろう。残念だけどそれは無駄だな。質疑応答は決まっている。質問は4問、最初が日テレ、次がエチオピアの記者、その次が共同、そして最後がEUの記者。回数も、順番も、どこの社に当てるかもう決まっているんだ。ご苦労さん」

質疑応答が始まる。質問は4問。まったくもってその記者の予言通りであった。

あらかじめ質問者を決めておくこうしたスタイルは、記者クラブの会見では「常識」にさえなっている。これによって、筆者のような不規則質問を繰り返す輩を巧妙に排除できるばかりか、質問の順番も各社に公平に回せるというわけである。

実際、こうしたやり方は見事に完成し、歌舞伎のような正確さで「台詞《せりふ》」まで決められていることも多い。

毎日の首相のぶら下がり取材にも、やはりこの「歌舞伎ルール」は適用される。『週刊ポスト（2008年4月11日号）』の特集、「巨大メディアと政治」では総理番記者のひとりがこう語っている。

「質問は各社持ち回りで、会見20分前に内容を打ち合わせます。その時に総理秘書官の一人が立ち会い、『その質問には総理は答えられないでしょう』などと助言する。総理がやってくるとまず秘書官と答えをすり合わせ、会見開始。質問して総理が2回はぐらかしたら、次の質問に移るのが慣例ですね。総理が『以上です』と言えば、皆で礼をしておしまいというのもお約束です」

記者クラブの記者たちにはまったく同情を禁じ得ない。彼らは好き好んでこんな茶番を演じているわけではない。率先して政府のお先棒を担いでいるわけでもない。無自覚ともいえるその善良さでもって、こうしたシステムを支える歯車になっているに過ぎないのだ。

彼らに責任がないとは言わない。だがこうしたシステムを築き、変化を認めない責任の多くは報道機関そのものにある。日本のメディアは一体いつまで才能の無駄使いを続けるのだろうか。

日本には、筆者などよりもずっと取材力に長け、文才もあり、真摯に仕事に取り組んでいる記者がザラにいる。彼らに才能がないわけではない。当たり前の取材をする機会がないだけなのだ。

それにしても、なぜ記者たちは、このような現実に気づかないのだろうか。聡明な彼らなら、記者クラブの現実を直視できないとは思えない。彼らの理解を邪魔するのは何か。

それはつまり、こういうことである。

大抵の日本人は、水道の蛇口を捻るだけで比較的に安全な水を得られ、それを当然のことだとして受け入れている。

一方、アフリカでは、いまだに一日何十キロもの道のりを歩いての水汲みを強いられている人々が大勢いる。その間には、過酷な太陽の下、長距離の歩行を強いられ、危険な野生動物からの襲撃にも備えなくてはいけない。そしてやっと水を得たとしても、再び長い道のりを重い水を抱えて戻り、病原菌の脅威とも戦わなければならない。

水に到達する両者の努力の差は歴然だ。アフリカ人がその水をのどに流し込むまでの苦労を、多くの日本人は決して実感できないでいる。

これはまったく記者クラブにも当てはまることである。情報にアクセスする権利を当然のように行使している彼らには、幾重ものハードルを超え、時間と労力を費やし、同業者に妨害され、ヘトヘトになって、ようやく取材のスタートラインに並べるフリーランスや雑誌記者、海外メディアの苦しみを実感できないのだ。

どんなに優秀な記者でも、こと記者クラブのことになると耳を塞いでしまう理由はここにある。水道を使える日本で、アフリカのように水汲みに行く必要はないのである。

1993年、アフリカのスーダンを大飢饉が襲っていた。悲惨な現状を世界に伝えるため、多くのジャーナリストが現地入りを果たしていた。その中には、ニューヨーク・タイムズと契約したカメラマン、ケビン・カーター氏の姿もあった。

カーター氏は、国連食料配給センターのあったアヨド村を訪れて、栄養失調や伝染病で死んでいく子どもたちの姿をカメラにおさめていた。一羽のハゲワシが、飢えのために地面にうずくまっている少女を狙っているシーンに遭遇したのはその時である。

同年3月26日、ニューヨーク・タイムズは一面トップにカーターのその写真「ハゲワシと少女」を掲載した。

反響は絶大だった。この写真を機にスーダンへの支援を表明するボランティアが次々と現れた。また、タイムズには寄付が集まり、アフリカ飢餓救済運動の再興のきっかけともなった。だが、そうした声の中には、なぜ少女を助けなかったのかという批判も少なからず含まれていたのもまた確かだった。

翌1994年、この写真がピュリッツァー賞を取ると、論争が再燃する。なぜ、その場で少女を助けなかったのかという問題提起は、最終的には「報道か、人命か」という大テーマに発展した。

ピュリッツァー賞受賞式の1カ月後、カーターが自殺し、少なくともジャーナリズムの世界ではこの論争に終止符が打たれた。その結論は次のようなものであった。

——ひとりの少女の生命を救うことで、同じ境遇のさらに多くの子どもたちの生命が危機に晒される可能性がある。それを避けるためにも、ジャーナリストは対象（被写体）に触れるべきではない。

ジャーナリズムはときに世界を動かす。カーターが写真を撮ったからこそ、アフリカへの関心が高まり、多くの子どもたちが救われたのだ。

取材現場にいて、そうした自制心を常に働かせることは決して容易いことではない。だが、取材対象とのそうした距離感を保つことこそ、ジャーナリストに求められていることではないだろうか。

翻って日本は……。事前に、首相に質問を教える記者たち、政府への批判を避ける新聞、同業者を排除する記者クラブ――。

日本のメディアが取材対象との緊張関係を失ったのはいつの頃からだろうか。とりわけ記者クラブの記者たちは、国民の知る権利に答えようとするよりも、政治家たちとうまくやろうとばかり考えているように見える。

それは日本の記者が会社員であることとの影響が大きい。

「特ダネを飛ばせば、その後には、部内の嫉妬やら、2倍3倍もの足の引っ張り合いが待っています。それでいてどんなにがんばっても社内の評価は変わらず、しかもそうやって、マイナスなことばかりが起これば、立場も悪くなります。だから、書いても書かなくても一緒、という気持ちになってくるのは当然ですし、むしろ書かないほうがラクということになります。それにそのほうが余計な軋轢を生まなくても済みます。なにしろ生活も安定しています。記者といえどもしょせんは会社員なのです。冒険する必要はまったくありません」（朝日新聞記者）

つまり会社員であることで、ジャーナリストとして権力と対峙する必然性がなくなってしまっているのである。権力報道へのインセンティブが働かない。それは日本に特有の現象である。ただ、新聞記者は権力と寄り添うべきではないし、かと言って、敢えて敵対する必要もない。事実だと信じるところを、政治家のためにではなく、読者や視聴者のために報じればいいだけの話なのだ。

結局ジャーナリストは政治家とは友人にはなれないということなのだ。それは職業上、当然といえば当然のことである。

だがこうした姿勢は、永田町ではあまり歓迎されないようだ。先日も政治記者のひとりから、「永田町の敵」「マスコミの敵」と言われたばかりである。さらに当の政治家からは「史上最低のジャーナリスト」だと罵られた。

確かに、私は「永田町・マスコミの敵」で、「史上最低のジャーナリスト」かもしれない。しかし、権力とメディアの良質な関係を構築しようとする意志だけは、たぶん、どの記者にも負けないと自負している。

・素朴な懐疑主義
・健全な緊張関係
・適度な諧謔《かいぎゃく》精神

そのために、筆者が肝に銘じていることは以上3点だ。

権力は、常にこのようなジャーナリズムの動きを警戒している。メディアとの距離感を自在にコントロールすることで、懐疑主義を遠ざけ、緊張関係を突き崩し、諧謔精神を叱り飛ばしながら、牽制を止めない。

今、筆者はこの稿を、北海道洞爺湖《とうやこ》サミットの国際メディアセンターのプレスルームで書いている。

G8先進八カ国首脳会談の会場である「ザ・ウィンザーホテル洞爺」は、ここから約25キロメートル先の山の頂上に位置している。「ザ・ウィンザー」へ続く一本道の入口にたどり着くまでには、平均2回の検問が待ち構えている。だが、たとえそこまで到達したとしても、会場に入れるのはほんの一握りの記者たちだけだ。

筆者のようなフリーランスはもちろん、ほとんどの記者たちが、G8開会中、ただの一度もホテルに足を踏み入れることができないでいる。

さらに、いつどのような会合が行われ、そこで首脳たちが何を話し合ったのかは、外務省及び、官邸の番記者を通じてしか知らされない。プレスルームの後ろに記者クラブ専用のプレスルームを設置して、そこで情報を独占しているからだ。

筆者はそのお零れにあずかっている。世界中から集まってきている4000人のジャーナリストたちも同様だ。約25キロという距離が示すように、誰ひとりとして満足な取材を行えないでいる。

筆者の隣に座っている英国人記者が、今回のサミット運営を皮肉ってこう言った。

「遊園地サミット」

実際、メディアセンターのあるここルスツリゾートホテルは山あいの遊園地の隣にある。会場の建物にもメリーゴーラウンドが入っている。まさしく日本政府は、遊園地のように安全で毒のない空間にジャーナリストたちを閉じ込めている。

民主主義を補完するためにも、良質なジャーナリズムの存在は不可欠だ。だが、現在の日本におけるメディアの現状はそれとはあまりにかけ離れている。

私はただ、権力とメディアの関係を30年前、1978年以前の健全な状態に戻したいだけなのだ。日本の記者たちが、これ以上、世界で笑いものにされないためにも、そうあるべきだと願わずにいられない。そのためには、記者クラブの開放こそがなによりの特効薬だと信じている。

そして、優秀な記者たちを記者クラブから解放することが筆者の何よりの希望である。日本の記者たちは、そろそろ政府の用意した安全な「遊園地」の門から外に出るべきではないか。世界のジャーナリストたちはすでに「遊園地」の外で戦っているのだ。

「記者クラブの開放」と「クラブ記者の解放」という夢が実現した時になって初めて、日本のジャーナリズムは世界の仲間入りが可能になるに違いない。

著者略歴

上杉隆《うえすぎたかし》

一九六八年福岡県生まれ。NHK報道局勤務、衆議院議員公設秘書、ニューヨーク・タイムズ東京支局取材記者を経て、二〇〇二年よりフリーランスのジャーナリストとして活動。

著書『官邸崩壊』（新潮社）はベストセラーに。NHK勤務に関し経歴詐称を取り沙汰されるが、東京地裁が認定した二年超の勤務実態を根拠に反撃。

中傷にも屈しない打たれ強さに定評がある。

徹底した取材と精緻な分析で、記事・作品を発表するたび永田町が震撼する気鋭のジャーナリスト。

幻冬舎新書 089

ジャーナリズム崩壊

二〇〇八年 七 月三十日 第一刷発行
二〇一二年十一月 一 日 第七刷発行

著者 上杉 隆

発行人 見城 徹
編集人 志儀保博
発行所 株式会社 幻冬舎
〒一五一-〇〇五一 東京都渋谷区千駄ヶ谷四-九-七
電話 〇三-五四一一-六二一一(編集)
〇三-五四一一-六二二二(営業)
振替 〇〇一二〇-八-七六七六四三
ブックデザイン 鈴木成一デザイン室
印刷・製本所 中央精版印刷株式会社

Printed in Japan ISBN978-4-344-98088-4 C0295
う-2-1
幻冬舎ホームページアドレスhttp://www.gentosha.co.jp/
＊この本に関するご意見・ご感想をメールでお寄せいただく場合は、comment@gentosha.co.jpまで。

幻冬舎新書

井上薫
狂った裁判官

裁判官が己の出世欲と保身を優先することで、被告人の九九％が有罪となる一方、殺人を犯しても数年の懲役しか科せられないことさえある……矛盾がうずまく司法のカラクリを元判事が告発する衝撃の一冊。

長嶺超輝
裁判官の爆笑お言葉集

「死刑はやむを得ないが、私としては、君には出来るだけ長く生きてもらいたい」。裁判官は無味乾燥な判決文を読み上げるだけ、と思っていたら大間違い。個性あふれる肉声を集めた本邦初の裁判官語録。

星川淳
日本はなぜ世界で一番クジラを殺すのか

国民一人当たり年間平均3切れしか鯨肉を口にしない現状で、国際社会の取り決めを無視してクジラを〝水産資源〟として捕り続ける日本のマナー違反を徹底的に検証し、環境と共存する生き方を探る。

唐沢俊一
新・UFO入門
日本人は、なぜUFOを見なくなったのか

UFOを「信じる／信じない」と議論する時代はもう終わり！　アダムスキー事件やロズウェル事件などUFOの奇妙な目撃談をもとに各国のUFO観、歴史から最新事情までをひもとく画期的な入門書。

幻冬舎新書

島田裕巳
日本の10大新宗教

創価学会だけではない日本の新宗教。が、そもそもいつどう成立したか。代表的教団の教祖誕生から社会問題化した事件までを繙きながら、日本人の精神と宗教観を浮かび上がらせた画期的な書。

村上正邦　平野貞夫　筆坂秀世
自民党はなぜ潰れないのか
激動する政治の読み方

先の参議院選挙で惨敗を喫した自民党。福田政権になって支持率は回復しているものの、「政治とカネ」問題を始めとする構造的腐敗は明らかだ。政権交代は行われるのか。政界・三浪人が検証。

若林亜紀
公務員の異常な世界
給料・手当・官舎・休暇

地方公務員の厚遇は異常だ。地方独自の特殊手当と福利厚生で地元住民との給与格差は開くばかり。みどりのおばさんに年収800万円支払う自治体もある。彼らの人件費で国が破綻する前に公務員を弾劾せよ！

門倉貴史
イスラム金融入門
世界マネーの新潮流

イスラム金融とはイスラム教の教えを守り「利子」の取引をしない金融の仕組みのこと。米国型グローバル資本主義の対抗軸としても注目され、急成長を遂げる新しい金融の仕組みと最新事情を解説。